KB148235

● 숲해설(Storytelling)이란? ●

Story (이야기)

Sympathy (공감)

Facts (사실)

Interesting (흥미)

Message (의미)

⋯ 숲에 관련된 사실들을 이야기 형식으로 쉽게 풀어서 설명하는 것이기에 '숲'과 '해설'이 하나가 되어 '숲해설'이란 말로 탄생했다. 숲 이야기는 흥미와 공감이 필수다. 그리고 전달하려는 의미가 명확하게 포함되어야 한다.

시와 함께하는 숲해설

이야기숲에서 놀자

재판 인쇄	2016년 4월 2일
재판 발행	2016년 4월 7일
글쓴이	장이기
발행인	방은순
펴낸곳	도서출판 프로방스
표지＆편집 디자인	Design CREO 디자인크레오
ADD	경기도 고양시 일산동구 백석2동 1301-2 넥스빌오피스텔 904호
전화	031-925-5366~7
팩스	031-925-5368
이메일	provence70@naver.com
등록번호	제313-제10-1975호
등록	2009년 6월 9일
ISBN	978-89-89239-69-7 (03370)

정가 15,000원

파본은 구입처나 본사에서 교환해드립니다.

시와 함께하는 숲해설

이야기숲 놀자 에서

− 나무와 숲속에 담겨진 이야기 −

글·사진 장이기

프로방스

詩와 함께 하는 숲해설
이야기 숲에서 놀자

『누구나 자연에 대해 항상 빚을 지고 살기 마련이다.

그래서 자연을 거스르지 않고 자연과 더불어 사는 법을 배워야 한다.

숲은 우리에게 '꾸밈없는 자연이 가장 아름답다.'고 말한다.

우리는 아름다운 숲에서 상처를 치유 받고 마음의 평정을 되찾곤 한다.

숲에 있는 나무 한 그루, 풀 한 포기 그 어느 것 하나 소중하지 않은 것이 없다.

숲의 모든 식구들에게는 우리가 이어온 삶의 이야기가 고스란히 묻어 있다.

숲에 깃든 우리의 삶의 자취들을 찾아 이야기 숲으로 떠나보자.』

이 한 권의 이야기책이 ― 자연을 바라보는 우리의 시선을 바꿔주고 숲을 더 잘 이해하는데 큰 도움이 되었으면 좋겠다. 특히, 현장에서 열정적으로 활동하는 숲해설가들에게 유익한 자료집이 되었으면 좋겠다.

숲해설 현장에서 한 번 이상 해설내용에 포함되었거나, 실체를 확인한 순간

놀라움과 기쁨을 준 나무와 들꽃을 주된 대상으로 삼았다.

인용한 대부분의 시(詩)들은 자연을 누구보다 사랑하며 오랫동안 숲과 함께한 분들의 작품이다.

수백 마디의 긴 해설보다 더 진한 감동을 주기에 숲 이야기와 함께 실었다.

이 한 권의 책이 — 장차 현장에서 헌신적으로 활동하는 숲해설가들로 하여금 생생한 자료집들을 연이어 세상에 내놓게 하는 계기가 되기를 진심으로 바란다.

그리고 자료집을 낼 수 있게 도와준 이은경 숲해설가 선생님께 감사드리며, 출판을 흔쾌히 결정해주신 조현수 사장님께도 아울러 감사를 드린다.

2012년 여름 한가운데서…
숲해설가 장 이 기

사람과 숲의 相生

김 청광

하늘과 땅과 사람이

강강술래 춤추듯

하나의 기운으로 함께 손잡고

막힘 없이 돌고 도는 것이

우주의 아름다운 참모습이려니

사람은 편리를 좇아 쓰레기를 만드니

산에도 강에도 바다에도 쓰레기가 쌓이고 쌓여

사람은 쓰레기에 묻히고 우주는 回通을 멈추나니

모든 악질과 패륜이 이로부터 비롯됨이라

하늘과 땅은 사람과 더불어 한 뿌리임을

가슴마다 마음마다 깊이 새겨

쓰레기 줄이고 숲을 정성껏 가꿔

사람과 숲이 길이길이 상생할지니

이것이 우주의 바른 모습으로 돌아감이라

목 차

2부 | 숲이야기_ 들꽃

1부

숲

이야기

나무

1 가래나무

얼마 전 까지만 해도 기차 여행을 하다보면 차 안을 오가며 음료수 등을 파는 이동판매대를 통해 "천안명물 호두과자가 왔습니다. 선물용 호두과자가 왔습니다."라는 소리를 심심찮게 들을 수 있었다.

이때 판매되는 호두과자 속의 호두열매에는 꼭 기억해야 할 역사 이야기가 들어있다.

고려시대에 한 사신이 중국에서 돌아오며 묘목과 열매를 가져와 지금의 천안 광덕사에 심은 이후 우리나라 곳곳에 널리 퍼지게 되었다고 전해진다.

그런데 기원전후 마한인들의 생활공간인 신창동 유적(기원전 1세기 유적; 약 2천 년 전)에서 발견된 호두는 지금까지 정설처럼 여겨졌던 700년 전 설(說)을 바꾸게 하는 새로운 증거로 받아들여지고 있다(참고: 〈한국사 미스터리〉 조유전).

가래나무는 먼 옛날부터 우리민족과 함께 우리 땅에서 살아온 우리의 토종 호두나무이다.

고소하고 맛있는 열매는 배고픔을 달래주는 일종의 구황식품이었다.

아름드리나무로 자란 후에는 재질이 좋기로 유명해 중국에서조차 황제의 시신을 감싸는 목관은 반드시 가래나무로 만들었다.

현대에 들어와서도 그 쓰임새는 오히려 더 중요해져 비행기의 내장재나 총의 개머리판에도 가래나무가 쓰이게 되었다.

가래나무의 다른 이름은 추목(楸木) 또는 산추자나무다.

시골에서 전해지는 가래탕은 가래로 만든 음식종류가 아니다.

덜 익은 풋 가래열매를 두들겨 깨서 냇물이나 강물에 푼 뒤 ― 물고기가 잠시 기절하여 물에 둥둥 뜨게 되면 뜰채나 손으로 잽싸게 건지는 것을 뜻한다.

딱따구리의 노래

김 청광

딱딱똑도르르르르르
딱딱똑도르르르르르

어둠이 머뭇거리는 이른 새벽
가래나무 삭은 가지에 달라붙어
한사코 하루를 열고 있는
딱따구리 한 마리

나는 죄짓지 않았다
빈 하늘에 떠 가는 구름을 보았을 뿐
숲을 지나가는 바람을 보았을 뿐
숨진 나무의 속살에 숨은 벌레를 삼켰을 뿐
하늘이 내린 나의 복된 목숨
나는 죄짓지 않았다

딱딱똑도르르르르르
딱딱똑도르르르르르

암꽃

열매

수꽃

2 개암나무

전래동화 〈혹부리영감〉(한 혹부리영감이 도깨비를 속여서 부자가 되지만, 이를 흉내 낸 다른 혹부리영감은 망신만 당했다는 설화)에 등장하는 열매가 달리는 나무가 바로 개암나무다. 껍질이 두껍고 단단하기에 열매를 깨물 때 딱 하는 소리가 난다. 그 소리에 도깨비들이 '걸음아 날 살려라.' 하고 도망쳤다는 이야기로 우리나라 전 지역에 걸쳐 전승되어 내려온 대표적인 전래동화다.

생장이 왕성한 시기에 암 꽃눈과 수 꽃눈을 가진 채 겨울을 맞는다. 봄이 되면 암꽃이 앙증맞게 피고 수꽃은 벼이삭처럼 늘어진다.

살랑살랑 부드럽게 부는 봄바람은 수꽃의 꽃가루를 날려 암꽃에서 수정이 이루어지게 한다. 암꽃이 핀 자리에 조그만 밤톨 같은 열매가 달린다. 처음에는 초록색이던 열매는 익어가면서 점점 갈색으로 변해 껍질이 딱딱해진다.

어린 시절 소중한 간식거리였다. 담백하면서도 고소하고 맛있다.

지방에 따라서는 '깨금'으로도 부른다.

사람의 발길이 닿지 않는 으슥한 곳에서는 다람쥐나 청설모의 소중한 먹거리가 된다.

개암나무의 '개암'은 개(접두어)와 밤의 합성어인 '개밤'에서 바뀐 것으로 전해진다.

북부지방 일부에서는 개암나무 기름으로 첫날밤 신방에 불을 밝히는 의식이 행해졌다.

잡귀를 쫓아내고 행복을 비는 의미로 사용되었다고 전해진다.

한방에서는 약재로도 쓴다.

개암나무 향 그윽한
헤이즐럿을 마시는 저녁

고 은영

우리는 멀어져 가고 있다.
조금씩 아주 천천히…
개미의 보폭만큼 TV를 켜는 순간만큼 들숨의 순간만큼
순간과 순간들이 모여 완성돼 가는 분침과 시침
우리는 조금씩 멀어져 가고 있다

사람들은 누구나
가슴에 뜨거운 불씨 하나씩은 가지고 산다
보잘 것 없이 표류하는 신의 악보 속에
사랑을 위해 목숨을 걸겠다는 맹세는
날조된 문서처럼 허공을 치고 마는 추억들
삶은 배롱나무처럼 미끄럽고 휘어진 가지
당신과 나의 거리가 점점 멀어져 가는 것을 탓할 수는 없다

헤이즐럿은 향기가 없다
단지 개암나무 향을 입힌 것이다

• 개암열매 •

시간의 틀에 갇혀 하루를 종종거리다
7월이 나부끼는 창가에
개암나무 향 그윽한 헤이즐럿을 마시는 저녁

조금씩 멀어지는 계절만큼
조금씩 멀어지는 마음만큼
우리가 멀어져 가는 것들에 안녕을 고할 때조차
우리의 멀어짐을 수용하는 생각들은 언제나 섭섭하다
중독은 항상 뜨거운 열기로 끓고 있지만
세월의 속성 안에 엷어져 가는 인연의 끈을 탓할 수는 없다

• 참개암 열매 •

• 암꽃과 수꽃 •

3 겨우살이
(동청: 凍靑, 동청: 冬靑)

푸른숲이 우거져 있을 때는 전혀 보이지 않는다. 낙엽이 다 지고 난 뒤 앙상한 겨울나무 가지 위에 새집 모양의 늘 푸른 식물이 달려 있는 것을 발견하면 누구나 신기하게 여기기 마련이다.

풀 같이 보이기도 하지만 다른 나무의 가지에 뿌리를 박고 살아가는 기생식물의 일종인 겨우살이다. 주로 참나무 종류의 큰 나무 높은 가지에 붙어 살아간다.

가을이면 굵은 콩알만 한 열매를 맺는데 열매는 노랗거나 빨갛다. 끈적끈적하고 말랑말랑한 열매는 겨울철에 새들의 소중한 먹거리가 된다. 배불리 먹은 후 다른 나뭇가지에 배설을 하게 되면 다 소화되지 않은 씨앗이 나뭇가지에 붙어 뿌리를 내리게 된다. 양분의 전부를 어미나무에 의존하지 않고 일부 광합성 작용으로 모자라는 양분을 보충하는 반(半)기생식물이다.

모든 나무가 잎을 다 떨어뜨리고 앙상한 모습으로 겨울을 보내고 있을 때도 겨우살이는 그 푸른 빛깔을 그대로 유지한 채 겨울을 보낸다. 그만큼 강인한 생명력을 가진 나무라 할 수 있다. 약재로 널리 알려져 사람의 눈에 띄는 대로 잘려 나가고 있는 실정이다.

포천의 백운계곡 입구에서는 동네 할머니들이 겨우살이 줄기를 포대에 넣어 판매하기도 한다. 겨울철이면 종종 볼 수 있는 서글픈 풍경이다.

겨울철 겨우살이 열매모습을 자세히 관찰해 보면, 노랗게 익은 열매에는 끈적끈적한 성분이 많아서 손가락 끝에 잡고 늘어 뜨려도 쉽게 떨어지지 않고 길게 매달려 오래도록 있는 모습을 볼 수 있다. 접착력이 아주 강한 성분이 있는 것을 알 수 있다. 끈적끈적한 열매 속의 물기가 마르게 되면 조그마한 씨앗이 그 속에 있는 것을 발견할 수가 있다. 겨우살이가 어떻게 굴참나무 가지 위에서 싹을 틔우고 살 수 있는지 알게 해주는 모습이다.

겨우살이

김 청광

상수리나무 줄기에
위태롭게 붙어 있는 너는
겨울이 되어도 죽지 않느냐

흙 속에 뿌리박은 나무조차
한겨울을 떨고 있는데
흙 속에 뿌리박지 못한 너는
죽지도 않느냐

구만리장천을 떠도는 원혼이
저렇게 현신하였느냐

세상에 쉬운 사랑은 없다
너도 위태로움에서 내려와
흙 속에 뿌리를 박고
아프게 살아 보렴

4 고로쇠나무

고로쇠나무는 한자 골리수(骨利樹)에서 유래했다.

나무에서 채취한 물이 뼈에 이롭다는 뜻으로 붙여진 것이다.

고려왕조를 건국한 왕건(王建)에게 큰 도움을 준 도선국사에 얽힌 이야기다.

백운산에서 오랫동안 좌선한 후 마침내 도를 깨우쳐 일어나려는 순간 무릎이 펴지지 않았다. 엉겁결에 옆에 있던 나뭇가지를 잡고 다시 일어나려 했지만 이번에는 아예 가지가 부러져 버렸다. 그 바람에 그만 엉덩방아를 찧고만 도선국사는 마침 갈증을 심하게 느끼고 있던 터라 부러진 나뭇가지에서 떨어지는 물방울을 발견하고 받아먹기 시작했다.

그 물을 마신 후에는 이상하게도 거뜬히 일어날 수 있었다.

이에 도선국사는 이 나무의 이름을 뼈에 이롭다는 의미로 골리수(骨利樹)라 부르게 되었다. 이후 사람들은 이 나무를 부르기 쉽게 고로쇠라 하게 되었다.

신라와 백제의 싸움에서 신라의 한 병사가 나무에 박힌 화살에서 흘러내리는 물을 받아먹고 기운을 차렸다는 이야기도 전해진다.

그만큼 사람에 이로운 고마운 나무다.

해마다 우수절기가 지나고 땅속이 녹아서 나무들이 활동을 시작할 즈음, 수피에다 드릴로 구멍을 뚫고 플라스틱 호스를 연결해 수액을 채취하는 광경을 여기 저기서 쉽게 볼 수 있다.

건강에 좋다는 이유로 나무의 피와 같은 수액을 채취해도 좋은지 자꾸 염려스러워 진다.

아무리 수액 채취로 산촌의 어려운 살림에 보탬이 된다고 해도...

고로쇠나무

마 경덕

백운산에서 만난 고목 한 그루
밑둥에 큼직한 물통 하나 차고 있었다.
물통을 반쯤 채우다 말고
물관 깊숙이 박힌 플라스틱 관을 내려다보고 있었다.
누군가 둥치에 구멍을 뚫고 수액을 받던 자리
시름시름 잎이 지고 발치의 어린 순들,
마른 잎을 끌어다 푸른 발등을 덮고 있었다.

주렁주렁 링거를 달고 변기에 앉은 어머니.
기저귀를 갈아주는 자식놈에게 부끄러워 얼른 무릎을 붙이는 어머니.
옆구리에 두 개의 플라스틱 주머니와 큼직한 비닐 오줌보를 매단 어머니.
호스를 통해 세 개의 주머니에 채워지는 어머니의 붉은 육즙(肉汁),
오십년간 수액을 건네 준 저 고로쇠나무

●고로쇠나무 꽃●

●수액 채취모습●

5 국수나무

국수나무는 어디서나 쉽게 볼 수 있다. 동네 뒷산의 약수터로 가는 길 입구에서도 볼 수 있고, 등산길의 기슭이나 골짜기에서도 쉽게 만날 수 있다. 우리나라 산 가운데 국수나무 없는 산은 아마 눈을 씻고 찾아도 없을 것이다.

줄기를 늘어뜨리고 자라는 국수나무의 줄기를 자른 후 끝이 뭉툭한 송곳 등으로 가만히 속을 밀면 국수 같은 가닥이 밀려나온다. 그 모습이 우리가 즐겨 먹는 국수와 꼭 같다. 그래서 붙여진 이름이 아니었나 싶다.

국수나무는 공해가 심한 지역에서는 잘 자라지 않는 것으로 알려져 있다. 지표식물로 활용되고 있는 나무다. 연노랑의 흰 꽃이 무리지어 핀다. 옛날에는 싸리나무를 대신해 삼태기나 소쿠리를 만들었다고 한다. 또한, 덤불식물이라 작은 새들의 좋은 서식지가 된다.

나무 이름에 대한 특성을 설명할 때 쉽게 활용되는 나무이다.

숲해설가들이 주의해야 할 점이 있다. 한 곳에서 해설하며 계속해서 국수나무 줄기를 꺾게 되면 장차 큰일이 생길 수도 있다.

해설용으로 한 곳에서 그런 일을 되풀이하게 되면 언젠가는 그곳 주변에서 아예 국수나무 자체를 찾아볼 수 없게 될 수도 있다.

부러진 국수가닥을 연상하며 국수나무를 대해야 진정한 상생이 될 것이다.

엄마생각

김 종덕

엄마 생각나면
국수가 먹고 싶다

국수나무여
어떤 날은 국수나무가
엄마 같다

엄마 없는 이 땅에서
국수나무여
오래오래 국수를 말아주렴

6 느릅나무

느릅나무 이야기는 〈삼국사기〉에 나오는 '바보온달과 평강공주' 이야기와도 연결된다. 어릴 때부터 울보였던 평강공주는 결혼할 나이가 되어 바보온달을 찾아가게 된다.

눈먼 노모가 온달을 찾아온 평강공주에게 한마디로 거절하면서 한 말이 있다.

"누구 속임수로 여기까지 왔는지는 모르지만 내 자식은 굶주림을 참다못해 뒷산으로 느릅나무 껍질을 벗기러 갔습니다. 이미 오래됐지만 언제 돌아올지 알 수 없습니다."

온달이 자신과 눈먼 노모의 목숨을 구하기 위해 느릅나무 껍질을 벗기려고 산속으로 갔다는 이야기는 느릅나무 껍질이 옛날부터 구황식물로 중요하게 사용되었음을 말해준다.

심은 지 3년째 되는 봄에 서까래를 만들 정도로 자란다. 10년이면 각종 농기구와 생활 기구를 만들 수 있고 15년이면 수레바퀴를 만들 수 있었다. 만져보지 않고 눈으로만 봐도 아주 단단한 재질임을 쉽게 알 수 있다.

열매에 날개처럼 달린 깍지는 돈처럼 생겨서 유전(榆錢)이라 불렀다. 유전은 국을 끓여 먹거나 가루를 쪄서 밥으로 만들어 먹었다. 수확 했다가 겨울에 술을 빚기도 했다.

데쳐서 볕에 말려 빻은 것을 체로 쳐 가루로 만든 뒤 다시 소금물에 고루 섞어 볕에 말린 후 미음을 만들어 먹기도 했다. 먹을 것이 없는 흉년에는 느릅나무 여린 껍질을 말려 가루를 낸 뒤 죽을 끓여 먹었다. 느릅나무 뿌리의 속껍질을 벗겨 햇볕에 말린 것을 유근피라고 한다.

명의 허준(許浚)의 〈동의보감〉에는 그 효능을 두고 '대소변을 잘 통하게 하고 위장의 열을 없애며, 부은 것을 가라앉히고 불면증을 낫게 한다.'고 했다.

나무껍질은 유백피(榆白皮)라 해서 약재로 쓰일 뿐만 아니라 배고픔을 달래주기도 했다. 흉년에 내비해 일반 백성들이 평소에 비축해 두는 식량 대용이 바로 솔잎과 느릅나무 껍질 이었다. 되돌아보면 고맙기도 하고 서글프기도 한 나무가 바로 느릅나무다.

느릅나무

박 근모

느릅나무 다리 위에서
단장한 요석공주가 누군가를
간절히 기다리고 있다

원효는 삶의 진리를
물에 있다고 보았을까
사랑은 느릅나무처럼
푸르기만 한데
요석공주는 물에 비친
원효를 손짓하며 부르고 있다

사랑이 이루어진 날
느릅나무 어린잎을 따서
떡을 빚었다
가난한 사람들은
주린 배에 곡기가 돌면서
부처님을 섬기듯이
느릅나무를 진실로 사랑하였다

•열매•

•꽃•

7 느티나무

산림청에서 새천년을 맞아 우리나라의 번영과 발전을 상징하고 국민에게 희망과 용기를 줄 수 있는 밀레니엄 나무로 느티나무를 선정했었다. 그 정도로 나무가 갖춰야 할 장점들을 고루 다 갖춘 나무로 명실공히 나무의 황제로 불린다. 느티나무는 당당하고 우아한 자태 말고도 그 재질이 뛰어나기로 유명하다.

말려도 잘 갈라지지 않고 비틀림도 의외로 적다. 또한, 마찰이나 충격에도 끄떡없을 정도로 단단하다. 여느 나무들이 감히 따라잡을 수 없을 정도로 여러 모로 월등하다.

느티나무 목재는 힘을 견딜 수 있어 기둥으로 사용할 수도 있고 땅속에 묻히는 관재로 쓰이기도 한다. 가구를 비롯한 여러 종류의 생활도구 등에도 아주 유용하다.

흔히 스님들이 '싸리' 로 만들었다고 믿고 있는 구시(나무밥그릇)나 나무불상도 느티나무로 만든 것이 많다. 그 밖에 사방탁자, 뒤주, 장롱, 궤짝 등의 조선시대 가구까지 느티나무의 사용범위는 이루 헤아릴 수 없을 정도다.

건축재로 사용된 예는 경북 영주 부석사의 무량수전이 대표적이다.

오래된 사찰의 경우, 나무기둥의 전부나 일부가 느티나무인 예가 많다고 전해진다.

어릴 때 살던 시골동네 어귀에는 커다란 당산나무 한 그루가 버티고 있었다. 여름철이면 햇볕을 피해서 쉴 수 있는 장소였고, 소나기라도 내리는 때에는 비를 피하는 곳이 바로 느티나무 아래였다. 여러 사람이 모이는 장소이다 보니 때로는 큰 소리가 나기도 했으며, 동네 어른들의 장기판 두들기는 소리도 요란했었다.

동네 어귀에 있나보니 도회지로 나갔다가 시골 집으로 돌아오는 가족들을 맞이하고 환송하는 장소도 역시 느티나무 아래였다. 볼수록 정겹게 느껴지는 나무가 느티나무이다.

山陰里 堂山木

김 청광

산 그림자 짙게 내린 마을 어귀에
음나무 느티나무 한 몸이 되어
아득한 세월을 지내 왔다

당초에는 두 그루 따로 서 있던 나무
가까이 더 가까이 손 끝에 안간힘 모아 애태우던
절망 같은 소망이 마침내 이루어졌다

까막까치 銀河에 다리 놓아 견우 직녀 만나던 날
달도 별도 숨을 죽이고 굴 속에서
쑥을 먹던 곰도 작둣날 위에서 춤을 추었다

한몸이 되어 부둥켜안고
이승 저승 꼭 중간쯤 한자리에서
비린내 나는 세상 나들이할 일도 없어
안으로 안으로만 사랑을 키워 왔다

늦은 밤 어두운 다리 밑에서 칼을 갈던 사람이거나
길이 열리어 무심히 발길이 닿은 사람이거나
이곳에서는 다만 끔찍하며 사랑하는 법을 배워야 하리

산 그림자 짙게 내린 마을 어귀에
음나무 느티나무 한몸이 되어
한 오백년 천년 그렇게 아득한 세월을 지낼 것이다

•산음리 느티나무•

8 다래나무

　　　　　　야생의 타잔이 밀림 속에서 '아아아아…' 외치면서 이곳저곳으로 타고 다니는 장면을 영화를 통해 많이 접한 세대는 다래덩굴을 쉽게 알 수 있을 것이다. 또한, 우리 고려가요 〈청산별곡〉에도 다래덩굴이 나온다.

『살어리 살어리랏다. / 청산에 살어리랏다. / 머루랑 다래랑 먹고 / 청산에 살어리랏다.』

〈청산별곡〉 한 대목에서 알 수 있듯이 산속에서 쉽게 자주 마주치는 것이 다래덩굴이다.

이 나무에서 저 나무로 걸쳐 있는 모습이 커다란 줄을 매달아 놓은 것과 같다.

늘어진 덩굴을 잡고 매달려도 쉽게 끊어지지 않기에 어딘가에 단단히 고정된 느낌이 들기 마련이다. 여름에 하얀 색의 작은 매화 모양 꽃이 모여 핀다.

열매는 달고 새콤해서 훌륭한 먹거리가 된다.

여름에 다래나무가 한창 꽃을 피울 무렵이면 흰색 형광 페인트칠을 해 놓은 듯한 하얀 색의 잎이 군락을 이루고 있는 계곡을 가끔 볼 수 있을 것이다. 이러한 모습은 개다래가 벌, 나비를 유인하기 위해 잎에 특수 분장을 했기 때문이다.

개다래 열매는 길쭉한 모양인데 달지 않고 혓바닥을 톡톡 쏘는 맛이 있어 식용으로는 쓰지 않고 약용으로만 사용한다.

먹을 수 있는 다래 열매는 참다래, 먹을 수 없는 열매를 맺는 것은 개다래, 서양에서 들여온 키위는 양다래로 정리가 되면 좋겠다.

다래덩굴과 칡넝쿨로 그네를 만든 뒤 현장에서 하게 되는 '즉석 타잔놀이'는 유치원생이나 초등학교 저학년 생이 가장 좋아하는 놀이의 하나다.

누구나 동심으로 돌아가면 숲의 한 쪽에서 얼마든지 '영화 속의 타잔'이 될 수 있다.

사랑하고 싶은 날

오 탁번

개다래잎

앵두나무 꽃그늘에서
벌떼들이 닝닝 날면
앵두가 다람다람 열리고
앞산의 다래나무가
호랑나비 날갯짓에 꽃술을 털면
아기 다래가 앙글앙글 웃는다
태초 후 45억 년쯤 지난 어느 날
다랑논에서 올벼가 익어갈 때
청개구리의 젖은 눈알과
알밴 메뚜기의 볼때기에 저녁노을 간지럽다
된장독에 쉬 슬어놓고
앞다리 싹싹 비벼대는 파리도
거미줄 쳐놓고
한나절 그냥 기다리는
굴뚝빛 왕거미도 다 사랑하고 싶은 날

개다래꽃

•참다래 열매 / 개다래 열매•

•참다래 꽃•

9 다릅나무

뿌리혹박테리아를 가지고 있는 콩과식물이다.
우리나라 어디에서나 자라는 잎 떨어지는 넓은 잎 큰키나무로, 줄기의 둘레가 두세 아름
에 이르기도 한다.

적갈색의 나무껍질은 세로로 조금씩 말려 있는데 갈라지지 않고 매끄러워서 마치 작은 종
이마름을 만들어 붙여 둔 것 같다. 그래서 껍질만 보고도 금방 알아 볼 수 있다.

다릅나무의 속살은 굉장히 특이하다. 통나무를 가로로 자른 뒤 봤을 때, 가장자리의 색깔
이 좀 연한 부분을 변재라고 한다. 그리고 가운데 색깔이 진한 부분은 심재라고 한다.

다릅나무의 변재는 연한 황백색에 너비가 좁다. 반면에 심재는 짙은 갈색으로 그 차이가
너무 뚜렷하다. 변재를 돌출부로 하고 심재를 밑바탕으로 조각을 하면 색깔과 명암의 차
이가 명확한 작품을 만들 수 있다. 그래서 호랑이, 곰, 새 등의 동물형상이나 장식용 나무
그릇을 만드는 재료로 많이 쓰인다.

너무 많은 입

천 양희

제갈나무 잎들이 촘촘하다
나무 사이로 새들이 재잘댄다
잎들이 많고 입들이 너무 많다

이(李)시인은
마흔살이 되자
나의 입은 문득 사라졌다
어쩌면 좋담, 이라 쓰고 있다
그런데 어쩌면 좋담
쉰살이 되어도 나의 입은
문득 사라지지 않고
목쉰 나팔이 되어버렸다
어쩌면 좋담?

다릅나무 잎들이 촘촘하다
나무 사이로 새들이 다른 소리를 낸다
잎들이 다르고 입들이 너무 다르다

10 단풍나무

'단풍'이란 기후변화로 식물의 잎 속에서 봄과 여름
내내 광합성작용을 하는 초록색의 엽록소가 그 역할을 다하고 초록색 잎이 붉은색, 노란색,
갈색 등으로 변하는 현상이다. 단풍은 추운 겨울을 무사히 넘기기 위한 준비로 몸체의 일부
를 줄기와 잎자루 사이에 떨켜를 만들어 과감하게 잘라 버리는 현상이다. 살아남기 위한 냉
엄한 자연의 법칙을 다시 한 번 곱씹게 한다. 단풍나무는 목재로서의 재질이 좋아 널리 사
용된다. 주로 가구를 만드는데 많이 사용되며 가마, 소반, 피아노의 액션(Action)부분을 비
롯해 테니스라켓, 볼링 핀에도 쓰인다. 특히, 체육관 바닥재로는 최고급품으로 알려져 있다.
미국 중서부 지방에 널리 분포하는 것은 설탕단풍나무인데 그 수액을 채취해 끓여 만든
메이플시럽(Maple Syrup)은 한때 북아메리카 인디언들의 전통 기호식품이었다. 특히, 캐
나다에서는 단풍나무 잎사귀를 국기에 그려 넣을 정도로 귀하게 여긴다.
단풍나무의 열매는 잠자리 날개처럼 생긴 것이 마주보기로 붙어있다. 씨앗은 바람을 타고
멀리 날아 갈 수 있을 뿐만 아니라, 땅에 사뿐히 내려앉을 수도 있다.
단풍나무의 종류에는 외국에서 들여온 나무를 포함해 약 20여 종이 있는데 잎이 5~7 갈
래인 단풍나무와, 잎의 갈래 수가 9~11개인 당단풍이 대표적인 나무다.
종류에는 잎이 날 때부터 붉은색으로 시작하여 가을까지 그대로 가짜 단풍을 달고 사는 홍
단풍(노무라단풍), 잎이 마주 보면서 손바닥 모양으로 깊게 7~11개로 갈라지고 일본에서 들
여온 세열단풍(공작단풍), 잎이 셋으로 갈라지는 신나무와 중국단풍, 잎이 5~7개로 갈라지
는 고로쇠나무, 미국에서 수입한 은단풍, 네군도단풍 등이 있다. 단풍의 아름다움이 단풍나
무나 당단풍에 뒤지지 않을 뿐만 아니라 오히려 그 보다 더 아름다운 나무가 바로 복자기나
무다. 엄지손가락만한 길쭉한 잎이 잎자루 하나에 3개씩 붙어 있다. 다른 단풍나무의 껍질
이 매끈하고 단단한데 비해 복자기나무의 껍질은 너덜너덜하게 벗겨진 모습이 특징이다.

단풍나무

박 근모

•단풍나무 꽃•

나뭇가지 위에서
툭 하고 떨어지면
다시는 되돌아 올 수 없는 나뭇잎
그 쓸쓸한 자존심이 마냥 부끄러워
얼굴이 붉어지는 것이다

이제라도 열심히 살아봐야지
굳게 다짐 했던
늙은 나뭇잎 하나도
때로는
나뭇가지 위에서
힘겹게 쥐고 있던 손
그만 놓아버리고 싶은
그런 한순간이 있는 것이다

단풍나무 열매

초생달을 따라서
새벽길을 묵묵히 걸어가고 싶은 것이다
얼굴이 붉어지는 것을
결코 누구에게도 끝내
보이고 싶지 않는 것이다

세열단풍

복자기 꽃

11 두릅나무

봄의 따사로움이 대지에 퍼질 즈음, 두릅나무의 새순은 봄나물의 왕자로 꼽힌다. 끓는 물에 살짝 데친 새순을 초고추장에 찍어 한 입에 넣어 본다. 풋풋하고 쌉쌀함이 입안 가득히 퍼질 때의 그 기막힌 맛을 우리는 잊지 못한다. 두릅나무는 가지가 많이 갈라지지 않고 가시가 많은 것이 특징이다.

두릅의 목

박 승수

두릅은 산록에나 골짜기에 뿌리를 내리지만,
특히 양지바른 곳에 자리 잡기를 좋아해서
이웃들과도 잘 어울린다

두릅은 회백색의 피부에 가시를 촘촘히 세우지만
그것이 제모가지를 지켜주리는 못한다
키는 두 길을 넘지 않아서 이웃의 일조권을 해치는 일은 없으나
목이 길어 슬픈 기린보다 더 슬픈 삶을 살아간다.
사월 중순경 엽탁으로 감싼
머리를 한 치 반 쯤 세상에 내밀고
"하느님"
긴 겨울을 엽탁 하나로 버틴 씨눈이
당신이 내리신 햇볕을 이웃과 함께 나누어
맑고 깨끗한 하늘과 강물을 빚게 하시고
숲이 숲다워진 산에서 우리 함께 감사…
막 겨울잠을 떨쳐 버린

복수초, 제비꽃, 양지꽃, 꿩의바람꽃, 현호색, 피나물,
동의나물, 진달래, 생강나무랑
이웃들이 지켜보는 그의 마을에서 목이 잘린다
정수리 없는 빈 모가지를 꼿꼿이 세운 두릅
진득진득한 눈물로 온몸을 적시며 그래도
"내 아들의 아들, 그리고 아들의 아들을 여기 세울 것이오" 라고 외친다.
두릅은 목이 졌다.
죄가 있다면 이른 봄 머리 내밀고
기도한 것이 그것일 게다.

●음나무 수피●

●두릅나무 수피●

12 마가목

마가목은 한자 마아목(馬牙木)에서 유래했다. 마아목은 새싹이 말의 이빨과 닮았다고 하여 붙여진 이름이다.

영어권에서는 마가목을 'mountain ash' 즉 '산속의 물푸레나무'로 부른다.

봄에 하얀 꽃을 풍성하게 피운다. 여름에는 노란색 꽃이었다가 가을에 붉게 익은 열매를 나뭇가지 끝에 주렁주렁 매달아 놓는다.

겨울이 될 때까지 붉은 열매를 그대로 매달고 있는 모습을 쉽게 대할 수 있다.

열매를 술에 담가 먹으면 허리 통증으로 오래 고생한 경우 큰 효과가 있는 것으로 알려져 있다.

작은 잎의 숫자가 13개를 넘고 잎의 뒷면이 흰빛이면 당마가목이고, 작은 잎의 수가 9혹은 13개이고 뒷면이 녹색이면 마가목이다.

마가목

박 근모

길을 잃은 말 한 마리
마가목을 찾아 부지런히 산길을 걷고 있다
걸어온 길 혹은 되돌아 갈 길
고개 돌려 바라보는 틈
너덜너덜한 말발굽이 나뭇잎 위에 떨어졌다
한때 그렇게 길을 잘 찾았던 말의 눈동자는
첫눈처럼 슬퍼보였다

어제는 붉은 마가목 열매를 하루 종일 생각했다
별안간 배가 고파 걷지 못하던 말이
산길을 막무가내로 접어들었을 때
말발굽이 떨어진 것도 모른 채
마가목을 찾아 두리번거렸다
기침처럼 아파오던 마음의 병은
그때 거짓말처럼 말끔히 나았다

언제부터였을까
마가목 주변으로 날아들던 작은 새들이
붉은 열매를 입에 물지 않았다
열매가 붉어질 무렵
말의 주인장은
마가목으로 만든 나무막대기를 휘두르며
사람 패듯 허공의 새들을 두들겨 팼다

작은 새들이
이리저리 흩어졌다
시간의 껍질만 부리로 파먹으며
마가목을 물끄러미 바라보았다

• 새싹 •

• 열매 •

13 물푸레나무

어린 가지를 꺾어 껍질을 벗긴 다음, 그 껍질을 맑은 물이 담긴 하얀 종이컵에 살그머니 담그면 가을 하늘이 연상되는 맑고 연한 파란 물이 우러난다.

'물을 푸르게 하는 나무'라는 뜻으로 물푸레나무라고 부른다.

이 나무는 질기고 잘 휘기 때문에 도리깨 같은 농기구를 만드는데 사용되었다.

부드럽고 잘 부러지지 않기에 서당 훈장님의 회초리로도 사용되었다. 옛날에 죄인을 심문할 때 쓰는 몽둥이는 거의 다 물푸레나무로 만들었다.

눈이 많이 오는 강원도 산간지방에서는 물푸레나무로 설피를 만들어 눈밭을 걸었다.

오늘날에는 운동기구를 만드는 나무로 각광받고 있다. 야구선수들이 홈런을 날릴 때 사용하는 야구방망이도 물푸레나무로 만든다.

낭창낭창 잘 휘는 성질 때문에 자주 쓰이던 것이 이제는 우렁찬 함성이 가득한 곳에서 멋지게 공을 날릴 때마저도 그 진가를 유감없이 발휘하게 된 것이다.

물푸레나무

박 근모

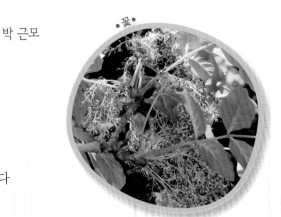

꽃

푸른 물푸레나무를
오래 쳐다보고 있을 때

도리깨 어깨너머 넘기고서
들판으로 걸어가는 어머니를 보았다
아버지는 진경산수 그리신다고
6.25 때 폭격으로 새까맣게 불 탄
물푸레나무 껍질 같은 먹
대 여섯 개씩 지니고서
경치 좋은 강으로 산으로 나다니셨다

푸른 물푸레나무를
오래 쳐다보고 있을 때

• 파란물 실험 •

저녁 하늘은 핏빛 노을이
흰 천에 홍시가 묻어 버린 듯
물들어 가고
어머니는 도리깨를 내려놓고
한숨을 내쉬면서 알곡을 쓸어 모았다

푸른 물푸레나무를
오래 쳐다보고 있을 때
환갑을 앞 둔 내 눈가에도
어느덧 푸른 물이 짙게 들었다

• 열매 •

14 박달나무

박달나무는 단단해서 예로부터 포졸들이 차고 다니는 몽둥이로 사용됐다. 민속놀이인 윷을 만드는데도 사용했다. 빨래를 두들겨 빨 때 쓰는 빨래방망이는 물론이고, 디딜방아의 방아공이, 절구의 절구공이, 얼레빗 등도 박달나무로 만들었다. 일반 백성들에게 두려움의 대상이던 나졸들의 육모방망이 또한 박달나무를 깎아 만들었다. 도깨비를 쫓아내는 상상속의 방망이도 박달나무였다. 그리고 백범 김구선생의 암살범 안두희가 일반 시민들에게 얻어맞은 방망이도 역시 박달나무였다. 박달나무는 우리나라 어디에서든 잘 자랐기에 '박달'이란 이름이 들어간 지명이 흔하다. 유행가 가사에도 등장하는 '천등산 박달재'에는 '박달도령과 금봉이'에 얽힌 전설이 전해진다.

조선중엽 경상도에 살던 젊은 선비 박달이 과거를 보러 한양에 가던 길에 시골마을의 한 농가에 머물게 되었다. 박달은 이 집에 살던 금봉이라는 처녀의 아름다움에 반하여 그만 그 집에 주저앉아 버렸다. 세월이 지나면서 그래도 과거는 보아야 하겠기에 장래를 기약한 채 박달은 마침내 한양으로 떠나게 되었다. 그러나 박달은 과거에 낙방한 채 면목도 기운도 없이 그리운 금봉이 하나만 생각하며 갔던 길을 되돌아올 수밖에 없었다.

한편, 과거에 당당히 급제하여 자신을 데리러 오기를 손꼽아 기다리던 금봉이는 그가 떠나간 고갯길을 오르내리며 그리운 박달의 이름을 부르다가 상사병으로 죽고 말았다.

금봉이의 장례를 치른 뒤 사흘 째 되던 날, 낙방거사가 된 박달이 풀이 잔뜩 죽은 채 마을에 돌아왔다. 금봉이의 무덤에서 아리따운 금봉이를 그리워하며 목메어 울던 박달의 눈에 ― 갑자기 너울너울 춤을 추며 자신을 향해 달려오는 금봉이의 모습이 들어왔다. 박달은 꿈에도 그리던 금봉이의 이름을 부르며 쫓아갔지만 박달이 아슬아슬하게 금봉이를 붙삽는 순간, 그만 낭떠러지 아래로 떨어져 죽고 말았다. 그렇게 박달이 떨어져 죽은 고개라 하여 박달재가 되었다는 것이 전설의 줄거리다.

박달나무

박 근모

박달나무도 좀이 슨다더니
단단하던 너도 결국 쓰러지는구나
육모방망이를 치켜들고 달려들던
무서운 세력이 판을 치는 시절에도
꿋꿋하더니만 수레바퀴가 돌아가지 않고
멈춰선 이 새벽녘에
너는 반듯한 개나리소반 앞에 앉아
산수일여(山水一如)라고
붓글씨를 써서 마지막을 알려주고
한 아름 된 박달나무를 도끼로 쪼개서
마침내 참빗을 만들어 가듯이
단단함의 아름다움을
기억하고 있었다

•박달나무 암수꽃•

•박달나무 수피•

박달나무여
저 세상에서는
더 이상 단단하지 말아라

•물박달나무 수피•

•물박달나무 암수꽃•

15 박태기나무

봄의 전령인 생강나무, 산수유 등의 꽃이 지고, 개나리
진달래가 도시나 산야를 물들여 봄이 한창 무르익을 즈음 — 앙상한 나뭇가지에 잎이 채
돋아나기도 전에 강렬하고 붉은 자주색 꽃을 피우는 나무가 바로 박태기나무다.

나뭇가지 전체를 붉은 자주색 꽃으로 덮어 버린다.

꽃봉오리 모습이 밥티기(밥알)와 닮았다고 해서 박태기나무로 이름 지어졌다고 한다.

경상도와 충청도를 비롯하여 충주지방에서는 밥알을 밥티기라고 한다.

북한에서는 구슬꽃나무로 불린다.

꽃의 아름다움에 반한 나머지 꽃잎을 따서 맛본다고 입에 넣으면 절대 안 된다.

이 꽃에는 독성 성분이 있기 때문이다.

콩과식물이라서 열매 모습은 아카시아나무의 열매와 거의 비슷하다.

겨울 내내 가지에 매달고 있다가 봄이 되면 떨어진다.

박태기나무 꽃

임 두고

늦은 사월
사방이 수초처럼 젖어 있어
까닭모를 내 그리움
그 속 깊은 곳까지 젖고 있다.

문득 젖은 알몸으로 다가서는
뜰 앞의 박태기
박태기나무 꽃들은
그저껜가 그그저껜가
계단 위에 아무렇게나 피어있던
그녀의 치마폭처럼
자줏빛
지울 수 없는 자줏빛이다.

박태기
박태기나무 꽃이여
하필이면 네 꽃이름이 박태기인가
아무렇게나 불리워진
네 꽃이름으로 인하여
나는 지금 아무렇게나 나뒹굴던
어린 시절
마른 수수깡 팔랑개비처럼 가벼워진다.

•열매•

그리움은 젖을수록 가벼운 날개를 다는가
내 가슴은 지금
그 모순을 접어 만든 팔랑개비
누가 작은 바람기만 건네도

천만 번 회오리치며 돌아버릴 것 같은
미쳐버릴 것 같은
가벼움 속으로…

•노랑 망태 버섯•

나는 지금 그렇게
아무렇게나 버려지고 있다.

박태기
박태기나무 꽃이여
네 꽃이 핀 것은
이제 더 이상 너만의 문제가 아니다
그리하여 네가 지금 비에 젖고 있음은 더더욱
너만의 문제가 아니다.

네 꽃은 이제
까닭모를 그리움의 배경 속에
젖을 대로 젖어
타인의 가슴 속 깊이 아무렇게나 번지고 싶은
한 사내의
자줏빛 진한 그리움의 빛깔일 뿐

진실로
진실로
젖어도 지워지지 않는
한 사내의 무참한 그리움의 빛깔일 뿐

•꽃•

16 버드나무

개울가의 얼음이 채 녹기도 전에 멀리 있는 봄을 먼저 알리는 나무가 바로 버드나무다.

그래서 예전부터 봄소식을 제일 먼저 알리는 가장 부지런하고 발 빠른 봄의 전령으로 여겼다.

가지 끝마다 송골송골 맺힌 껍질을 뚫고 버들강아지들이 고개를 내밀기 시작한다.

보드랍기 그지없는 고운 털을 한껏 뽐내는 버드나무의 꽃이삭이 피기 시작한다. 버드나무의 꽃이삭이 왜 버들강아지로 불리게 됐는지는 한 번 직접 만져보면 알 수 있다.

버드나무는 우리 주변에서 가장 흔한 나무의 하나로 여러 가지로 유용하게 쓰인 대표적인 나무에 속한다.

옛날 사람들은 사랑하는 사람과 헤어질 때 버드나무 가지를 꺾어 주었다. 산들바람에도 쉽게 흔들리는 버드나무 가지처럼, 쉬이 돌아오지 않으면 '내 마음 나도 모른다.'는 투정이 알게 모르게 스며들어 있는 셈이다.

버드나무 잎에서는 대표적인 진통해열제인 아스피린의 주성분인 아세틸살리실산을 추출한다. 아주 먼 옛날부터 사람의 질병을 낫게 하고 고통을 덜어준 고맙고 유용한 나무였다.

주변에서 쉽게 만날 수 있는 종류로는 버드나무, 능수버들, 왕버들, 호랑버들, 용버들, 갯버들 등이 있다. 무려 30여 종이 넘는 것으로 알려져 있다.

물이 한껏 오른 버드나무 가지를 꺾어 버들피리를 만든 뒤 함께 불어보는 놀이는 ― 어린이들에게는 새롭고 신기한 경험을 쌓는 기회가 되고, 어른들에게는 어린 시절의 향수를 떠올리는 기회가 된다.

버드나무

나 태주

임 두고 마주앉은 술청 앞의 버드나무
흙탕물 흘러넘친 움막 앞의 버드나무
임 없이도 눈물 없이도 새로 잎 푸르러지누나
봄마다 임이 있어 새잎 나는 줄 알았더니.

17 복자기나무

이름에 단풍이란 말이 붙지 않아서 사람들이 잘 모르고 지나치기 쉽지만, 그 아름다운 빛깔만큼은 다른 단풍나무에 결코 뒤지지 않는 나무가 바로 복자기나무다.

다른 여러 종류의 단풍나무들은 일반적으로 붉은색이 강하게 느껴지는 반면, 복자기나무의 잎은 붉다 못해 주홍색에 가까운 편이다.

그냥 붉기만 한 여느 단풍나무들과는 그 느낌부터가 확연히 다르다.

오래도록 단풍잎을 볼 수 있는 나무다.

대부분의 단풍나무들이 잎자루 하나에 잎이 하나씩 붙어 있는데 비해, 복자기나무는 길쭉한 잎이 잎자루 하나에 3개씩 달려있다.

다른 단풍나무는 수피가 매끈하고 단단한 반면 복자기나무의 수피는 너덜너덜하게 벗겨진 모습을 하고 있어 물박달나무의 수피와 닮은 모습이다.

목재(木材)는 가구를 만들거나 무늬합판을 만들 때 많이 사용된다.

복자기나무

박 근모

떨어진 복자기나뭇잎을
시집 사이에 꽂아두었다
시집의 한 구절이 크게 놀라서
번쩍 눈을 떴다
나뭇잎의 마음결이 시집 사이에서
푸른 옷을 붉은 외출복으로 갈아입고
눈부시게 빠져나왔다

•꽃•

너는 왜 그런 거니
왜 그렇게 변심하는 거니
세상에서 가장 아름다운 물듦이
어떻게 자기뿐이라고
스스로 말을 하고 있는 거니

낮은 목소리로 말하노니
너는 복자기 복자기
그 이름 하나 만으로도
눈 부신거야
눈이 부셔 쳐다볼 수 없는 것이야

봄이 와도 복자기는
시집 사이에 누워 잊지 못할 구절들을
눈부셔 하면서 읽어가고 있었다

•수피•

•단풍 든 모습•

18 붉나무

단풍나무도 아니면서 아주 붉게 단풍이 든다고 해
서 붉나무로 불려졌다.

산촌에서 소금을 구하기 힘들었을 때 붉나무의 열매는 소금 대용품이었다.

가운데 단단한 씨가 있고 그 주위에는 과육이 둘러싸고 있는데, 가을이 깊어갈수록 과육
이 소금을 발라 놓은 것처럼 하얗게 된다. 여기에 제법 짠 맛이 날 정도로 소금기가 있는
데 이것을 긁어모아 소금 대용품으로 사용했다. 또한, 붉나무에는 열매처럼 생긴 벌레혹
이 많이 달린다. 붉나무에 기생하는 오배자 진딧물이 잎자루의 날개부분에 새끼벌레를 낳
아두면 자라면서 어린잎으로 옮겨가 벌레집을 만든다. 이것이 점점 커지면서 생긴 폐 모
양의 주머니 속에서 오배자 진딧물의 유충이 자라는데 이 주머니를 오배자라 한다.

가죽을 가공할 때 없어서는 안 될 자원인 동시에 소중한 약재였다.

산에서 자주 마주치면서 비슷한 나무로 개옻나무가 있다.

둘을 쉽게 구별할 수 있는 방법은 잎자루에 있다. 잎자루에 날개가 있으면 붉나무이고, 매
끈한 잎자루를 가졌으면 개옻나무다.

노을지는 삶

박 남준

어쩌면……붉나무의 잎새는 참 붉게도 단풍들었다 은행나무는
샛노랗게, 떡갈나무는 황갈색으로 그들도 한때는 푸르렀으리라
이제 지난 여름의 잎새는 보이지 않네 푸르던 젊은 날이가고,
사랑과 그로 인한 열정마저 식어갈 내 삶에 다가올 가을날,
나는 또 무엇으로 노을 노을져 갈까?

단풍이 들고 단풍이 저 갔다 사랑도 명예도 이름도 남김없이

• 붉나무 꽃 •

• 열매(오배자) •

• 붉나무 잎자루 •

• 열매 •

• 개옻나무 잎자루 •

19 산딸나무

녹음이 짙어지기 시작하는 초여름에 커다랗고 새하얀 꽃이 마치 층을 이루듯이 무리지어 핀다. 멀리서 보아도 청초하고 깨끗한 자태가 금방 드러난다.

흔히 보는 대부분의 꽃들은 꽃잎이 5장씩 달리지만 산딸나무 꽃잎은 4장이다.

위에서 내려다보면 하트 모양의 꽃잎이 2장씩 마주보고 있기에 십자가 모양을 이룬다.

사실 꽃잎처럼 보이는 것은 꽃잎이 아닌 총포이다.

열매는 빨갛게 익으면 먹을 수 있다. 먹거리 체험활동에 자주 활용되고 있다.

한데, 산딸나무는 꽃잎처럼 보이는 화려한 총포를 왜 달고 있을까?

산딸나무의 꽃에는 향기로운 냄새도, 아름다운 자태도 없다.

하지만, 벌과 나비가 쉽게 찾아들게 하려면 뭔가 특별한 전략이 필요했을 것이다. 그래서 수정(수분)을 원활히 하기위한 목적에서 — 아름다운 자태로 '위장할' 필요가 있었던 것이다. 산딸나무만의 고도의 생존전략인 셈이다.

산딸나무

박 근모

흰 손수건을 나무에 걸어두면
당신이 나를 사랑한다고 믿어야하는데
전설 같은 이 이야기를 기억하면서
산딸나무 위를 오래도록 쳐다봅니다

수 천 수만의 흰 나비떼
무명손수건처럼 펄럭일 때
당신과 나의 사랑도
그제서야 활짝 꽃피웠음을 알게 되었습니다

변치 않는 사랑은
이 세상에서 없을 것이라고
나는 여겼었지요
당신을 만나 비로소
세상에 변치 않는 사랑이
많고 많음을
깨닫습니다

• 꽃 •

산딸나무 열매
맑게 씻어서 술을 담그면
마음과 마음이 온통 열매처럼
붉어질 날 올 것입니다
흰 손수건 그 나무에 걸어놓으려니
인생이라는 서로의 빈 잔에 믿음을 따라주고
사랑의 언약을 나누고 싶습니다

• 열매 •

20 산벚나무

산벚나무는 산에서 자라는 벚나무라는 뜻이다. 산벚나무는 잎보다 꽃이 먼저 나오는 왕벚나무와 달리 꽃과 잎이 거의 같은 시기에 난다.

봄만 되면 서울 여의도 윤중로에서는 벚꽃놀이로 시끌벅적 하다. 화려한 꽃을 피우는 왕벚이나 겹벚나무, 올벚나무의 아름다운 꽃모습을 즐기기 위해서다. 오래된 처진 벚나무의 화려한 모습은 국립 서울현충원에서 볼 수 있는 장관이다.

이에 비해 산길이나 산의 계곡에서 만나는 산벚나무는 사뭇 다르다.

봄이 찾아오는 계절, 산의 중턱에서 아래를 내려다 볼 때 연분홍색 꽃이 군데군데 뭉쳐있는 모습을 확인할 수 있다. 아름다움을 내어놓고 자랑하려고 하지 않고 조용히 피고 지는 모습이다.

벚나무는 나무의 조직이 조밀할 뿐 아니라 너무 단단하거나 무르지도 않고 잘 썩지도 않아 나무에 글자를 새기는 목판 인쇄의 재료로서 독보적인 존재였다. 해인사 팔만대장경판에 사용된 나무 가운데 60% 이상이 산벚나무와 돌배나무라는 사실이 밝혀졌다.

산벚나무의 저녁

장 철문

민박표지도 없는 외딴집,
아들은 저 아래 터널 뚫는 공사장에서 죽고,
며늘아기는 보상금을 들고 집 나갔다 한다.
산채나물에 숭늉까지 잘 얻어먹고,
삐거덕거리는 널빤지 밑이 횅한 뒷간을 걱정하며

화장지를 가지러간다.
삽짝 없은 돌담 한켠 산벚꽃이 환하다.
손주놈이 뽀르르 나와 마당 가운데서 엉덩이를 깐다.
득달같이 달려온 누렁이가,
땅에 떨어질세라 가래똥을 널름널름 받아먹는다.
누렁이는 다시 산벚나무 우듬지를 향해 들린 똥꼬를 찰지게 핥는다.
손주놈이 마루로 올라서자 내게로 달려온 녀석이 앞가슴으로 뛰어 오른다.
주춤주춤 물서서는 꼴을 까르르 까르르 웃던
손주놈이 내려와 녀석의 목덜미를 쓴다.
녀석은 꼬리를 상모같이 흔들며 긴헛바닥으로 손주놈의 턱을 바투 핥는다.
저물어가는 골짜기 산벚꽃이 희다.

•꽃•

•수피•

21 산사나무

산사나무의 특징은 열매에 있다. 붉은 열매가 아침에 해가 뜨는 모습과 닮았다 해서 붙여진 이름인 듯하다. 계절의 여왕인 5월에 산사나무에는 동전만한 새하얀 꽃이 십여 개씩, 마치 부챗살을 편 것처럼 같은 꽃대에 몽글몽글 달린다. 여름을 지나 초가을에 앙증맞은 아기사과처럼 생긴 열매가 새빨갛게 익기 시작한다. 흰 얼룩점이 있는 구슬 크기만 한 것들이 한 나무에 수백, 수천 개씩 달린다. 열매는 술을 담가 약주로 사용되기도 한다. 잘 익은 열매를 따서 깨끗한 물로 씻은 다음 잘 말린 후 담금주와 1:1의 비율로 밀봉하여 6개월쯤 담가 두었다가 꺼내서 체로 걸러 장복하면 소화기 계통에 효과가 있는 것으로 전해진다.

일반인들이 즐기는 붉은색 계통의 양주보다 더 선명한 색깔이다. 맛도 좋다.

산사의 다른 특징으로는 작은 가지에 가시가 달려 있다는 사실이다. 나무에 가시가 있으면 동서양을 막론하고 대개 사악한 것을 물리치는 힘이 있다고 믿었다. 우리나라의 서북지방에서는 이 나무를 울타리로 심어 사악한 것으로부터 집안을 지키려 했다.

산사나무를 북한에서는 찔광나무로 부른다.

강원도 지방에서는 알광나무로 더 많이 불려진다.

산사나무 열매

박 근모

열매가 오늘따라 유난히 붉다
새의 눈동자 같다
부산하게 움직인다
무엇을 보고 있는 것일까
나무들의 기억을 쳐다보는 것일까

새들이 붉은 눈동자로
나뭇가지에 맺힌
이슬로 목을 축이듯이

나도 술 한 모금씩 마시면서
나무들 곁을 맴돌고 싶다

•꽃•

•열매•

22 산초나무와 초피나무

산초나무와 초피나무는 식물학적으로 엄격히 구분된 서로 다른 종이지만 일반인들이 쓰고 부르는 데는 거의 구분이 없다.

두 나무를 구별하는 가장 손쉬운 방법은 산초나무는 가시가 서로 어긋나게 달리고, 초피나무는 가시가 두 개씩 마주보고 달리는 것이다.

산초나무는 여름이 가고 가을이 오는 문턱에서 꽃을 피우지만 초피나무 꽃은 봄에 핀다.

한방에서 약재로 쓰는데도 두 나무를 구분하고 있지 않지만 우리가 향신료로 쓰는 열매는 산초나무 열매가 아니라 초피나무 열매이다.

초피나무 열매는 톡 쏘는 매운맛 이외에 상쾌하고 시원한 맛이 있다. 그 때문에 추어탕을 먹을 때나 매운탕이나 생선요리 등에 널리 사용된다.

중국요리 가운데 우리가 즐겨먹는 오향장육의 오향이란 산초, 회향, 계피, 정향, 진피 등을 말한다.

산초나무는 분지나무, 상초, 상추나무, 산추나무로도 불린다. 초피나무는 지방에 따라서 제피나무, 상초, 젠피나무, 전피나무 혹은 그냥 산초 등으로도 부른다.

민간요법으로 벌에 쏘이거나 뱀에 물렸을 때 잎과 열매를 사용했다고 전해진다.

실제로 운악산 휴양림에 근무할 때 좋은 경험을 한 적이 있다.

즉, 사무를 보는 여직원이 벌에 쏘여 심하게 부어있을 때 산초나무 잎을 찧어 붙여 효과를 본 일이 있다. 어릴 때는 향기가 너무 강해 꺼리기 일쑤였지만, 어른이 된 뒤에는 그 강한 향기를 단 한 번만 맡아도 금방 고향산천으로 내달리게 된다. 산초기름은 참기름, 들기름의 대용이었다. 산초기름을 발라 구워낸 김이 아직도 눈에 삼삼하다.

산초나무

박 근모

미꾸라지를 잡는 날
소쿠리를 논둑 아래에 대놓고
한참을 기다리면서
바라본 산초나무

배가 아프면 산초기름을
애기숟가락으로 따라 마셨지
그러면 감쪽같이 아픈 배가 스르륵 멈췄지
벌집을 쑤시고 까불고 놀다가
된통 한방 쏘였을 때도
산초기름을 바르면 죽다가도 살아났지
된장을 처바르고 나온 아이는
온종일 아 쓰라려, 아 쓰라려 아리랑노래를 불렀지
들에는 꽃이 피고 산에는 새들이 날고

벌레에 물려 따끔따끔 거릴 때도
산초기름을 바르면 금방 가라앉았지
소줏병에 담은 산초기름 없는 집이 없었는데

논물에 들어가 소쿠리를 살피니
미꾸라지가 바글바글 맴돌고 있다
동네 사람들은 한 그릇의 추어탕에 고된 노동으로
잃었던 기운을 북돋을 것이다
산초가루를 듬뿍 넣으면서
산초나무처럼 이 동네에 꼭 필요한 사람이 되어
늙어 가리라 다짐할 것이다

23 생강나무

앙상한 겨울나무 가지가 깊은 잠에서 깨어나기도 전에 숲 속에서 샛노란 꽃망울을 터뜨려 봄이 왔음을 알리는 것이 생강나무이다. 눈이 녹으면서 피어나는 복수초나 노루귀, 그리고 앙증맞은 겉껍질을 밀어내며 피어나는 갯버들의 버들강아지가 활짝 피고 난 후 — 회갈색의 나뭇가지에 잎도 채 나오기 전, 자그마한 꽃들이 점점이 꽃망울을 터뜨린다. 그 모습이 품격 높은 매화에 결코 뒤지지 않는다고 해서 황매목(黃梅木)으로도 불렸다. 어린가지를 분지르거나 잎을 찢어 코에다 갖다 대면 생강냄새가 난다고 해서 생강나무라고 부른다.

생강 냄새에 익숙하지 않은 어린이들은 레몬 냄새라고도 한다.

꽃이나 새순은 차로 만들어 마시기도 한다. 특히, 새순은 향긋한 생강 냄새를 즐길 수 있는 귀한 산나물로 여겨진다. 손바닥 반만 한 잎으로 자랐을 때 잎을 따서 깻잎이나 상추대신 돼지고기를 싸서 먹어도 그 맛이 일품이다.

콩알보다 조금 큰 새까만 열매에서 머리를 다듬는데 쓰는 동백기름이 생산된다. 남쪽에서만 나는 진짜 동백기름은 양반네 전유물이었고, 서민 아낙네들은 생강나무 기름을 주로 썼다. 그래서 강원도 산간지방에서는 개동백나무, 산동백나무, 동박 등으로 불리기도 했다.

김유정의 단편소설인 〈동백꽃〉은 생강나무를 소재로 한 대표적 작품이다. 여주인공 점순이와의 풋풋한 사랑에 취해버린 노란동백꽃은 생강나무를 다르게 부른 이름이다.

생강나무와 산수유나무는 꽃의 모양, 열매의 모습, 수피의 모습 등으로 구분한다.

산촌의 개울가 양지 바른 곳에서는 생강나무, 시골집 뒷동산에는 산수유, 둥근 열매를 맺은 뒤 검게 익으면 생강나무, 길쭉한 열매를 맺은 뒤 붉게 익으면 산수유, 수피가 깨끗하고 얼룩이 있으면 생강나무, 너덜너덜하고 지저분한 느낌이면 산수유나무이다.

여량 아우라지

김 청광

생강나무 꽃

정선 여량 깊은 산골짜기
중봉 당골 골지천 암물
발왕산에서 급하게 흘러온 송천 숫물
이곳에서 한몸으로 합강한다네

그 옛날 사랑 나누던
동박꽃처럼 아리따운 여량 처녀와
싸리골 뗏사공 떠거머리 총각도
세월따라 강물이 되어 흘러가 버리고

생강나무 열매

이루지 못한 애달픈 사랑 이야기는
저 건너 산기슭 팔각정 천장에 그림으로 남았나니
팔각정 앞 물가에 여량 처녀 혼자
작은 형상으로 오롯이 서서
오늘도 아우라지 흐르는 물을 애닯게 바라보고 서 있구나

싸리골 노란 동박꽃 물위에 지는 날
푸른 강물 나룻배에 몸 실은 웬 나그네 하나
정선 아리랑 구성진 가락을 물결 위에 흘려 보낸다

아리랑 아리랑 아라리요
아리랑 고개 고개로 나를 넘겨 주오

•산수유나무 꽃•

•산수유나무 열매•

24 소나무

소나무는 우리나라 북부의 백두산, 개마고원을 제외한 전 지역에서 자란다. 늘 푸른 바늘잎 큰키나무로 아름드리로 굵어진다. 껍질의 아랫부분은 거북등처럼 갈라지고 윗부분은 붉은색이다. 잎은 2개씩 나고 바늘처럼 뾰족하다.

소나무꽃이 피는 5월이면 꽃가루가 시골집의 툇마루까지 노랗게 덮어 버리고 송화는 떡으로도 만들기 때문에 사람들의 기억에 아련히 남아있다. 그런데 이 꽃은 몹쓸 자손이 생기지 않도록 근친혼을 피하게 되어 있다. 꽃은 솔방울이 되는 암꽃이 맨 위에 달리고 수꽃은 아래에 핀다. 암수 꽃이 피는 시기가 약 10일 정도의 차이가 있어 원천적으로 남매간 수정은 불가능하다. 나비의 날개처럼 양쪽에 동그란 공기주머니가 달린 송화 가루는 조건만 좋으면 수천 km까지 날아간다. 수정된 암꽃은 이듬해 가을에 황갈색으로 익으며, 두꺼운 비늘이 나선모양으로 배열되고 끝이 바늘처럼 찌른다.

한국인에게 소나무는 아버지와 같은 존재다.

소나무로 집을 짓고, 관을 만들기에 소나무는 한국인의 삶과 맥을 같이 했다. 솔잎으로는 송편 찌는데 이용했다. 짚으로 이은 지붕에 청솔가지를 올려놓아 지붕이 썩지 않고 벌레가 생기지 않게 했다.

한국을 대표하는 소나무는 백두대간을 따라 봉화, 울진 등지에서 자라는 금강송이다. 금강석처럼 아주 단단해서 붙여진 이름이라 한다. 곧게 자라면서 껍질의 색깔이 붉은 것이 특징이다. 그런 까닭에 적송이라고 불렸다. 육지에서 자란다고 해서 육송이라고도 했다.

춘양목이라고도 불리어지는 이유는 봉화, 울진 등지에서 생산된 금강송이 봉화군 춘양면에 있는 철도역에 모아져서 다른 지방으로 운송되었기에 붙여진 이름이다.

즉, 금강송의 또 다른 이름이 춘양목이다.

소나무

장 찬영

언제나 시절을 엿듣는
바람에도 흔들리지 않는
절벽위에 뿌리 내리고
사시사철 푸르름으로 푸른기세
하늘 바라보며 살아 숨쉬고
자신을 지키는 생명
어지러운 세상에 꽃을 피워
송홧가루로 그리움 뿌려주고

바람을 찌르는 뾰족한 잎새의 힘
너는 얼마나 든든한 삶의 징표이냐
하늘 바라보며 단단한 바위 틈새를 비집고
벼랑 끝에 살며 시절을 엿듣는 생명의 끈
솔방울 달아 넓게 여는 삶이여

•수꽃•

•암꽃•

반송

송진 채취 흔적

정이품송과 혼인목

일본 잎갈나무(낙엽송)

리기다 소나무

백송수피

청도 처진소나무(운문사)

소나무 수피

그 외 소나무의 종류

❶ 반송

생김새가 쟁반 같다고 하여 붙여진 이름이다. 조경수로 많이 활용되는 나무이다.

❷ 곰솔

잎이 두 개이면서 껍질의 색깔이 검은색이다.

소나무보다 잎이 길고 억세다. 흑송으로도 불린다. 바닷가에서 바람막이용으로 심어지는 경우 해송으로도 불린다.

❸ 리기다소나무

1907년에 일본인에 의해 우리나라에 들여왔다. 북미가 원산지이다.

줄기에 털보영감 같은 솔잎을 많이 달고 있다. 우리 소나무만큼 수피가 깨끗하지 않다. 나무의 가치를 크게 평가 받지 못하고 있는 편이다. 잎은 세 가닥으로 되어 있다.

❹ 백송

나무의 껍질이 흰색을 띠고 있다고 해서 붙여진 이름이다. 주로 유적지에 많이 심어져 있다. 중국이 원산지로 잎이 세 가닥으로 되어 있다.

동작동 국립현충원 고 박정희 대통령 묘소 아래에 있다. 낙성대 강감찬 장군 사당의 마당에서도 만날 수 있다. 요즘에는 조경수로 많이 심기에 주변에서 쉽게 볼 수 있다.

❺ 일본잎갈나무(낙엽송)

바늘모양의 잎을 가진 침엽수이지만, 가을이면 노란 단풍이 들고 겨울이면 잎이 지는 낙엽수이다. 봄이 되면 새로운 잎으로 몸단장을 한다고 해서 잎갈나무라고 부른다.

1904년 경 일본으로부터 우리나라에 들여왔다. 산에서 쉽게 볼 수 있는 나무이다.

나무이야기

- 경북 예천의 석송령 (600년) – 세금 내는 소나무
- 경북 청도의 처진 소나무 (500년) – 보리수를 대신한 나무
- 속리산의 정이품송 (세조의 행차)
- 강원 삼척 준경모, 금강송 (혈통보존)
- 소나무와 공생관계인 송이버섯 (식용)
- 송홧가루 다식
- 소나무 뿌리의 생근균인 복령 (약재)
- 송진이 땅속에 묻혀서 딱딱해진 호박 (보석류)

25 싸리

옛날 부모님들은 자식을 훈장 선생님께 맡길 때 자식놈만 데리고 가지 않고 반드시 싸리 한 다발을 꺾어서 같이 가져갔다고 한다.

왜 그랬을까?

내 자식을 올바르게 잘 가르쳐 달라고 뇌물을 준 것일까?

싸릿대를 회초리로 사용해서라도 제발 올곧게만 가르쳐 달라는 소망이었을 것이다.

그런데 막상 훈장선생님은 꺾어다 준 싸리 한 다발을 어디에 사용했을까?

전해진 얘기로는 불을 때서 방을 따뜻하게 했다고 한다.

싸리는 나무 속에 수분이 적기에 비 오는 날에 생나무를 꺾어 불을 지펴도 잘 타며 화력이 강하다. 바짝 마른 싸릿대는 화력이 좋을 뿐만 아니라, 연기가 거의 나지 않는다.

그래서 북한의 무장공비들이 깊은 산 속에서 제 위치를 감추고 싸릿대로 밥을 해 먹었다는 얘기는 조정래의 대하소설 〈태백산맥〉에도 나온다.

전국 어디에서나 쉽게 볼 수 있는 나무이다. 싸리로 만든 싸립문, 싸릿대를 엮어서 만든 광주리, 눈을 치울 때 아주 요긴하게 사용되던 싸리비 등에서 알 수 있듯이 ― 싸리는 우리의 일상생활에서 가장 흔하게 사용된 효자나무였다.

부석사를 비롯한 유명사찰의 기둥을 싸리나무로 만들었다거나, 송광사의 구시(나무밥그릇)를 싸리로 만들었다는 내용은 잘못 전해진 것으로 드러났다.

싸리, 참싸리, 조록싸리 등을 포함하여 10여 종이 흔히 볼 수 있는 것들이다.

싸리나무

박근모

싸리나무 울타리로
담을 두른데 서면 뻐국새가 운다

아마도 손금 들여다보듯 그 속내를
훤히 알고 있는 뻐국새
차마 말은 못하고 그냥 울기만 하고 있었나 보다
싸리울 안에 살던 반미치광이 어머니는
싸리꽃이 핀 6월만 되면 아들을 돌려 세우더니
바짓단을 걷어 올리더란다
아들은 어머니의 얼굴을 물끄러미 쳐다보고
말없이 종아리를 어머니에게 보여드렸다
옛끼, 못난 놈아 사내자식이 서울 가서
보란 듯이 살아야지 잔등에 싸리나무나 잔뜩 짊어지고
집구석으로 돌아오면 장땡이냐
아들은 싸리나무 회초리로 종아리를
맞으면서 울었고 반미치광이 어머니는
제 정신이 찾아든 잠시 동안
아들을 때리면서 울었다
덩달아 뻐국새도 울었다

•싸리•

•참싸리•

•광대싸리•

•족제비 싸리•

26 산뽕나무

뽕나무의 종류에는 중국원산인 뽕나무와 우리나라 산에서 자연적으로 흔히 자라는 산뽕나무가 있다. 잎의 끝이 점점 뾰족해 지는 것이 뽕나무, 잎의 끝이 꼬리처럼 긴 것이 산뽕나무인데 구분하기가 힘들 만큼 비슷하다. 구지뽕나무는 가시가 있는데다 잎 모양도 톱니가 없기에 뽕나무 종류의 일반적인 모양새와 확연히 다르다.

예로부터 농상(農桑)이라고 했을 정도로 뽕나무를 키워 누에를 치고 비단을 짜는 일은 농업과 나라의 근본이었다. 뽕잎을 따서 누에를 치고 비단을 짜서 옷을 해 입었다. 또한, 잠실이라고 하여 누에를 키우고 종자를 나누어 주던 곳이 따로 있었을 만큼 양잠은 나라의 귀중한 산업이었다.

뽕나무에 달리는 열매를 오디라고 하는데 검게 익은 오디는 달고 맛이 있어 식용으로 많이 활용되었다.

뽕나무가 방귀를 '뽕뽕'하고 뀌니까 대나무가 옆에서 '대끼놈' 하고 야단치니 참나무가 '참아라.'고 했다는 얘기가 우스갯소리로 전해진다. 아이들에게 일상에서 가장 소중한 나무들을 아주 손쉽게 가르쳐주기 위한 일종의 교육용 이야깃거리였을 것이다.

뽕나무에 기생하는 뽕나무 겨우살이는 상상기생(桑上寄生)이라 하여 귀중한 약재로 취급되었다. 뽕나무 그루터기에서 자라는 상황버섯에는 항암효과가 있다고 밝혀져 귀하게 다뤄지고 있다.

서울의 잠실이나 복주산자연휴양림이 있는 잠곡리는 ― '옛날부터 뽕나무를 많이 키워 누에를 치던 지역이었다.'는 역사적 사실을 알려주는 동네 이름이다.

미안하다

유 재영

벌서고 돌아오는 길 먹잠자리 향해
함부로 돌 던진 일 미안하다
피라미 목 내미는 여울 물수제비 뜬 일 미안하다
자벌레 기어가는 산뽕나무 마구 흔든 일 미안하다
냇갈 건너다 미끄러져 송사리 떼 놀라게 한 일 미안하다
언젠가 추운 밤하늘 혼자 두고 온 어린별 미안하다, 미안하다

27 음나무(엄나무)

산에서 만나는 나무들 중에서 새순을 먹을 수 있고 가시를 지닌 대표적인 나무가 엄나무와 두릅나무이다. 두릅나무는 줄기가 굵게 자라지 못하는 반면 엄나무는 둘레가 두세 아름에 이르도록 크게 자라는 나무이다. 가시는 어릴 때 촘촘하게 달렸다가 줄기의 둘레가 커지면서 차츰 없어진다. 자신의 몸을 다른 동물로부터 보호하기 위해 가시를 달고 있지만, 사람들은 그것을 다른 나무의 새순과 구분할 때 활용한다.

봄의 따사로움이 대지에 가득 찰 때, 음나무 새순은 두릅과 함께 봄나물의 왕자로 친다. 끓는 물에 살짝 데친 새순을 고추장에 찍어 먹는 맛이란 정말 잊을 수 없는 것이다.

대부분의 사람들은 두릅을 좋아하지만 정말 음식 맛을 즐기는 식도락가들은 음나무 새순을 더 고급으로 친다. 음나무의 새순을 개두릅이라고 부르면서 말이다.

강원도 일부지방에서는 음나무를 재배하여 봄이 되면 음나무 새순을 따서 판매하는 축제를 열기도 한다. 여름철 많이 먹는 음나무 백숙은 옻닭과 더불어 여름 보양식품의 으뜸으로 알려져 있다.

경기 양평의 산음자연휴양림 가는 길인 단월면 향소리에는 느티나무와 함께 서있는 음나무가 자그마치 5백여 년 동안이나 동네의 당산나무 역할을 하고 있다.

엄나무

반 기룡

가시로 치렁치렁 장식하여

봄이면
우산 같은 잎새 돋고

여름이면
매미소리 불러들여
한바탕 풍류를 즐기다가
보양식인 삼계탕으로 둔갑한 후

가을이면
풍성한 이파릴 흔들어대고

겨울이면
칭칭 묶여 팔도유람 그만이네

• 새순 •

• 수피 •

28 아까시 나무

우리나라에는 북미 원산의 아까시나무가 1900년 초에 들어왔다. 조선총독부 고위관리의 결정에 의해 처음으로 경인철도변과 용산의 육군본부 자리에 심어졌다. 이후 황폐한 산을 긴급히 녹화하기 위해 번식력이 강한 아까시나무를 전국에 심기 시작했다.

아까시나무에 대해 일부 부정적인 평가가 있는 것이 사실이다. 특히, 조상의 묏자리 주변까지 뿌리를 뻗어가기에 골칫거리로 여겨졌다. 한 번 뿌리를 내리기 시작하면 쉽게 제거하기 힘들다.

그런저런 악평에도 불구하고 땔감으로 큰 몫을 했다. 그리고 양봉업자들의 꿀 생산에 많은 공헌을 한 고마운 나무이다. 우리가 여태까지 알고 있던 '아카시아나무'는 아까시나무를 잘못 부른 것이다.

'아카시아나무'는 아프리카 열대지방에서 자라는 나무이다. 열매 모습은 아까시나무와 비슷하나 완전히 다른 나무이다.

일상생활 속에서는 어쩔 수 없이 흔히 불리던 대로 쓰더라도, 분명하게 나눠야 할 경우에는 되도록 정확하게 구분해서 쓰는 것이 도리일 것이다.

과수원 길

동요

동구 밖 과수원 길 아카시아 꽃이 활짝 폈네
하아얀 꽃 이파리 눈송이처럼 날리네
향긋한 꽃냄새가 실바람타고 솔 솔
둘이서 말이 없네 얼굴 마주 보며 쌩긋
아카시아 꽃 하얗게 핀
먼 옛날의 과수원 길

•아까시나무•

•아까시 열매•

•아카시아 나무•

•아카시아 열매•

29 오동나무

오동나무(Korean Paulownia: '고상'을 뜻함)는 자랑스러운 우리의 특산 나무로 학명(Paulownia coreana Uyeki)에는 〈코리아나〉라는 단어가 포함되어 있다.

1천여 종에 이르는 우리나라 나무 중에서 이보다 큰 잎사귀를 지닌 나무는 없다.

옛날 어른들께서는 딸을 낳게 되면 앞마당에 오동나무 한 그루를 심어두었다가 딸이 시집 갈 때 장롱을 만들어 보냈다고 한다. 나무가 잘 자라기 때문에 아이가 커서 시집 갈 때쯤이면 잘라서 옷장을 만들 수 있는 크기가 되는 것이다.

자람이 빠른 나무는 대체로 단단하지 못해 쓸모가 없다고 하나 오동나무는 그렇지 않다. 자라는 속도에 비해 적당한 강도를 지녔을 뿐만 아니라 습기를 적게 빨아들이고 잘 썩지 않으며 불에 잘 타지 않는 성질까지 있다.

그 쓰임새도 넓어서 장롱, 문갑(文匣: 문서나 문구 따위를 넣어 두는 방안 세간의 한 가지; 서랍이 여러 개 있거나 문짝이 달려 있다), 소반, 목침, 장례용품 등 여러 생활용품에 두루 쓰인다. 특히, 공명을 필요로 하는 악기에는 오동나무가 필수적이다. 가야금, 거문고, 비파, 아쟁 등 우리의 전통악기는 모두 오동나무로만 만든다.

오동나무

박 근모

모든 나무 마다
똑같은 날 똑같은 크기의 굵기를 골라서
똑같은 성깔의 땅에 심었어도
그 중 오동나무는
쭉쭉 하늘만 치켜본다
줄기가 하늘구름에 닿을 듯
크게 뻗어나간다

•열매•

오늘 보니까 오동나무는 그새 한 뼘이 더 자랐다
저것이 달 지는 잎 새를 지니게 되려면
가을까지 안가도 될 것이다
그맘때는 딸애의 얼굴이 부쩍 보고 싶어질 것이다
오동나무가 자라고 딸이 자라던 지난날에
오동나무를 베어버리려던 정월대보름 무렵에
딸애는 울면서 제발 오동나무를 베지 말아달라고 간청했다
안 그래도 가난한 살림살이에
차마 맨 몸으로 시집보낼 순 없었는데
밤새도록 오동잎을 바라보면서
딸애와 함께 흘리던 눈물

울음이 멈추기라도 하면 오동잎의 숫자를 헤아리며
딸애에게 잘 살아다오, 말했을 텐데
나무도 무안하고 난처했던지 그 큰 잎을 약간
오므리면서 그 하늘의 보름달을
조금은 가려주고 있었다

•수피•

30 오리나무

두메 산골짜기에도 있고 산새가 쉬어 넘어가는 고갯마루에도 있던, 우리나라 그 어디에서나 흔히 자라던 우리나무가 바로 오리나무다. 오리나무는 옛날사람들이 거리를 나타내는 표시로 '5리마다 심어서' 오리목이란 이름이 생겼다고 전해진다.

나막신을 만드는데 널리 이용되었다. 탈 중에서도 하회탈은 꼭 오리나무로 만들었다. 1999년 우리나라를 방문했던 영국 엘리자베스 여왕에게 2백여 년 된 오리나무로 만든 하회탈을 선물했다고 한다. 또한, 각종 목기(木器)를 비롯하여 절에서 쓰는 바리때를 만드는데도 제 몫을 다한다.

그 이외에 여러 가지 색의 물을 들일 때 사용된다. 껍질이나 열매를 삶아서 물을 우려낸 뒤 매염제의 종류를 달리하면 붉은 색에서 진한 갈색까지 다양한 색채를 얻을 수 있었다. 주로 적갈색 계열의 염색을 하는데 유용했다.

근세에 들어와서는 오리나무 숯으로 화약을 만들거나 그림 그리는 재료로 썼다.

척박한 땅에서도 잘 자라므로 1960~70년대에는 민둥산을 복구하는데 널리 쓰였다.

실제로 오리나무는 보기 어렵고, 주변에서 흔하게 보는 나무는 주로 물오리나무이다.

산

김 소월

물오리나무 암수꽃

산새도 오리나무

위에서 운다

산 새는 왜 우노

두메 산골 영(嶺) 넘어가려고 그래서 울지

눈은 내리네 와서 덮이네

오늘도 하룻 길은

칠팔십리

도라 서서 육십리 가기도 했소

불귀 불귀 다시 불귀

사나히 속이라 잊으렷만

십오년 정분을 못잊겠네

산에는 오는 눈, 들에는 녹는 눈

산새도 오리나무

위에서 운다

삼수갑산 가는 길은 고개의 길

수피

30 자작나무

미인의 조건이라면 이목구비가 우선 뚜렷해야 하지만, 흰 피부와 늘씬한 몸매도 빼놓을 수 없다.

흰 나무껍질이 자작나무의 자랑이자 매력이다. 자작나무는 미인나무라고 해도 전혀 부끄럽지 않을 만큼 충분히 아름다운 나무이다.

자작나무는 생김새만 아름다운 것이 아니라 쓰임새도 여러 가지이다.

천마총 말다래의 주재료가 자작나무 껍질이었다. 금관총에서 발굴된 금관의 안쪽 머리에 쓰는 부분이 자작나무 껍질과 섬유였다. 아메리카 인디언들의 카누에서도 쓰였다.

아무르 강, 우수리 강의 하류 유역에 거주하는 러시아 소수민족 나나이족이 고기잡이에 사용한 배에도 자작나무 껍질이 사용되었다. 고대 인도문자로 석가모니의 가르침과 시를 기록한 불경도 자작나무 껍질이었다.

자작나무 껍질은 불이 잘 붙고 오래가므로 촛불이나 호롱불 대신 불을 밝히는 재료로 애용되었다.

혼인 하는 것을 화혼 또는 화촉을 밝힌다고 하는데 이때, 사용된 화(華)자가 자작나무를 가리킨다. 자작나무는 껍질과 마찬가지로 나무의 속도 황백색으로 깨끗하고 균일하여 나무를 쪼개 지붕을 이었다. 나무껍질로는 시신을 싸서 매장했다. 또한, 수액을 채취하여 마시기도 했다.

자작나무는 추운 지방에서 주로 볼 수 있는데, 우리나라에서는 강원도 이북에서 볼 수 있다.

자작나무

도 종환

자작나무처럼 나도 추운 데서 자랐다
자작나무처럼 나도 맑지만 창백한 모습이었다
자작나무처럼 나도 꽃은 제대로 피우지 못하면서
꿈의 키만 높게 키웠다
내가 자라던 곳에서는 어려서부터 바람이 차게 불고
나이 들어서도 눈보라 심했다
그러나 눈보라 북서풍 아니었다면
곧고 맑은 나무로 자라지 못했을 것이다
단단하면서도 유연한 몸짓 지니지 못했을 것이다
외롭고 깊은 곳에 살면서도
혼자 있을 때보다 숲이 되어 있을 때
더 아름다운 나무가 되지 못했을 것이다

수피

•암·수꽃•

32 작살나무

우리가 고기잡이를 할 때 사용하는 작살은 단단한 나무 막대에 삼지창 모양의 날카로운 쇠붙이를 꽂아서 쓴다.

작살나무 가지의 모습이 고기잡이용 작살과 닮았기 때문에 붙여진 이름이다. 그렇다고 작살나무로 작살을 만들어 쓰는 것은 아니다.

이 나무의 돋보이는 아름다움이자 주된 특징은 — 바로 잎이 다 떨어지고 난 앙상한 가지에서 보라색 열매를 오래도록 볼 수 있다는 사실이다.

작살나무의 종류로는 열매의 크기가 작은 좀작살나무, 열매가 큰 왕작살나무 등이 있다.

비슷한 것으로는 남해안의 섬지방에서 주로 자라는 새비나무가 있다.

작살나무

박 근모

10월 이었다
당신에게 드릴 것이 없어
산속 곳곳 보석 같이 생겼다는 열매 찾아
나무지팡이를 챙겨들었다

산은 겹겹 단풍이 지고 있었고
다람쥐들은 떨어진 도토리를
부러진 지게에 지고 날랐다
새끼고라니는 계곡에서 물을 마시다
물에 비친 나무작살을 보고 크게 놀라서
뒷걸음치다가 그만 다리를 삐끗했다
계곡을 헤엄치는 물고기는 설마 나무작살이
자기한테 오리라곤 믿지를 않았다

•꽃•

연자주빛의 작살나무 열매
다닥다닥 붙어서 10월의 보석을 만들었는데
물고기는 모래만 연신 핥고
새끼고라니는 아픈 다리를 절며 어미한테로 걸어갔다

당신에게 드릴 것이 없어
산속으로 들어가는 10월
작살나무 한 그루
억만 그루의 나무가 되어
나를 두고두고 찌르고 있었다

• 열매 •

33 잣나무

우리 주변에서 가장 흔하게 접하고, 주위에서 쉽게 볼 수 있는 나무가 아마 소나무일 것이다. 그런데 소나무는 일본 적송(Japanese Red pine)으로 알려져 있고 한국 소나무로 소개되고 있는 나무는 잣나무(Korean pine tree)이다. 외국인들은 한국을 대표 하는 소나무를 잣나무로 알고 있다.

잣나무의 다른 이름으로 나무의 속이 붉다고 해서 홍송이라고도 했다.

잎의 한 묶음이 5개씩 달린다고 해서 오엽송으로 불린다.

암수 한 나무로 늦봄에 꽃이 피어 수정이 되면 이듬 해 가을에 송이로 된 잣이 여문다.

덜 익은 파란 잣송이를 따서 담금주와 1:3 비율로 밀봉하여 6개월쯤 담가 두었다가 꺼내서 체로 거른 후 한 잔씩 장복하면 몸이 가벼워지고 건강해지는 것을 느낄 수 있다.

잣나무 열매는 귀한 약과 음식이 되기도 했다. 흉년에는 허기를 이기는데 소중하게 사용되었다.

잣나무의 종류로는 섬에서 자라는 섬잣나무, 옆으로 비스듬하게 자라는 눈 잣나무, 미국에서 들여와 조경 및 가로수용으로 많이 심고 있는 스트로브 잣나무 등이 있다.

스트로브 잣나무는 우리의 잣나무에 비해 잎이 가늘고 더 부드럽다.

하나, 먹을 수 있는 잣이 달리는 것은 오로지 우리나라 원산의 잣나무뿐이다.

잣나무는 나이가 적어도 10년 이상 되어야 열매를 맺을 수 있다.

수령이 25년 정도는 되어야 많은 열매를 수확할 수 있다.

운악산 잣나무
숲의 햇살바람

박 상건

아침해가 운악산 이마 환하게 닦고 있다

절벽마다 그을린 이름 모를 열꽃

덩굴잎 서리 진 주름살을 펴고

잣숲에 새깃처럼 기지개 켜는 햇살의 하루

울울한 숲에 세세한 햇살 줄기들이

솔방울에 벌 떼처럼 빨려 들어가고

낙하한 높이만큼 무수한 햇무리 쏟아내던 응달에

달팽이처럼 혀를 날름대던 햇살들을 보면

절망의 끝은 절망이 아니다

절망은 희망의 고갱이다

꿀물처럼 가득 깊어가 허공에서 그을린

검은 잣 튀는 소리들

계곡 물소리 하얗게 달구던 햇살들이

물살에 뜨겁게 앵겨

운악산 가슴 깊이 퍼 질러간다

푸른 산빛에 황산을 내뿜는다

•수피•

•잣나무 숲(덕유산 휴양림)•

익어가는 산허리에는 눈부신 산길의 열선이 칡덩굴 따라

들국화가 피고

화전 고추밭 한소끔 맵게 태우고 있다

사랑도 그리움도 뜨겁게 타고 나면 빈 산이듯이

두고 온 사랑 못다 준 사랑 마음 아파서

계곡마다 골바람 꾹꾹 눌러두고

더 어쩌지 못해, 해설피 우는 정수리에

하잔한 마음 눈시울 다 붉히면서

별빛 몇 개 걸어두고 무심히 스러져가던 햇살바람 소리

• 잣송이 •

34 전나무와 구상나무

옛날 유럽의 한 숲속에 나무꾼과 예쁜 딸이 살고 있었다. 마음씨 착한 소녀는 숲을 몹시 사랑하여 항상 숲속으로 찾아들어가 요정들과 함께 시간을 보냈다. 날씨가 추워 나갈 수 없는 날에는 요정들을 위해 전나무에 작은 촛불을 켜놓았다. 아버지는 크리스마스이브에 딸에게 좋은 선물을 주기 위해 깊은 숲으로 나무를 하러 들어갔다가 그만 길을 잃고 말았다. 그런데 알 수 없는 불빛이 계속해서 보인 덕에 집에까지 무사히 이르게 되었다.

숲 속의 요정들이 친구인 소녀의 아버지를 위해 불빛으로 인도한 덕분이었다.

그 때부터 유럽에서는 귀한 손님이 올 때는 집 앞의 전나무에 촛불을 켜두고 맞이하는 풍속이 생겼다. 크리스마스 때도 아기 예수를 영접하는 뜻으로 전나무에 촛불을 밝히고 아름답게 장식했다.

오늘날에도 전나무는 유럽 등지에서 크리스마스트리로 많이 사용된다. 수형(樹型)이 아름다워 더욱 사랑 받고 있는 나무이다. 우리의 경우, 전국의 유명사찰에서 전나무를 쉽게 볼 수 있다. 특히, 강원도 오대산 월정사 입구에 있는 전나무 숲은 유명하다. 광릉 국립수목원에서도 전나무 숲을 만날 수 있다.

우리나라 전나무는 잎의 끝이 바늘처럼 날카로운 모습이다. 구상나무 잎은 날카롭지 않다. 가문비나무는 가지의 잎 붙은 부분이 까슬까슬하고 열매가 아래쪽으로 늘어져 달린다. 이런 특징이 바로 전나무, 구상나무와 다른 점이다.

전나무

박 근모

나도 전나무가 되고 싶다
온몸으로 신비로운 탄생을 알려주는
희망의 씨앗들이 몰래 숨어 있는

숲길에서 발자국이 지나갈 때
향기와 빛깔을 가만히 내어 주고
핏줄처럼 모든 것을 연결해 주는

나도 전나무가 되고 싶다
의연하고 늠름한 기품
영원한 젊음의 얼굴을 보는 듯하다

•전나무 잎•

•전나무 열매•

오래도록 살아야만
전나무는 열매를 맺는다는데
나는 얼마를 더 살아야 열매의 흔적 남길 수 있을까

그러니 나는 전나무가 되어
월정사 숲길에서 잠시 머물기도 하고
예수라는 먼 나라 아름다운 사람
그가 짊어진 나무십자가를 대신하여
푸른 나무의 핏방울 흥건히 적시고 싶다
나는 한 그루 전나무가 되어

•구상나무 암꽃•

•구상나무 수꽃•

•구상나무 열매•

•구상나무 잎, 겨울 눈•

35 조팝나무

늦은 봄 산자락에 잎이 피기 조금 전이나 잎이 나올 때 굵은 콩알만 한 크기의 새하얀 꽃들이 마치 눈이 내린 것처럼 수백, 수천 개로 무리지어 핀다. 흰 빛이 너무 눈이 부셔 언뜻 보면 늦게까지 남아있는 잔설을 보는 듯하다. 꽃의 모양이 좁쌀을 튀겨 놓은 것을 닮았다 하여 조밥나무라고 불리다가 조팝나무로 되었다고 한다.

조팝나무의 잎에는 조팝나무산(酸)이라는 해열과 진통제 성분이 포함되어 있다. 버드나무 잎의 아세틸살리실산과 함께 진통제의 원료로 쓰인다.

조팝나무의 뿌리에는 학질을 낫게 하는 성분과 함께 가래침을 토하게 하여 열이 오르내리는 것을 멈추게 하는 성분이 있다. 조팝나무의 새싹은 촉질이라 하여 학질을 다스리는 등 여러 가지 증상을 고치는데 썼다고 전해진다.

조팝나무의 종류에는 꽃 모양과 빛깔이 다른 수십여 종들이 있다. 진한 분홍빛의 꽃이 꼬리처럼 모여 달리는 꼬리조팝나무, 작은 쟁반에 흰쌀밥이 달려 있는 것 같은 산조팝나무, 연분홍색의 꽃이 피는 참조팝 등이 주변에서 쉽게 볼 수 있는 것들이다.

이팝 대 조팝

박 태언

•꼬리조팝•

이팝 조팝나무모여
안남미 쌀 불어터진
밥알을 휘익 뿌렸다

밥알 향기 시끄럽다
재잘거리는 이팝조팝
제 잘났다 요란하다
야~~이
시끄럽다
그 나물에 그 밥인거 몰라

36 주목(朱木)

나무껍질이 붉은색으로 되어 있기 때문에 붙여진

이름이다.

겉만 붉은색이 아니고 심재 부분인 가운데도 아주 붉다.

기념식수로 가장 많이 선호하는 수종이며 조경수로도 많이 심는 나무이다.

암수 딴 그루로 암꽃이 피는 나무와 수꽃이 무리지어 피는 나무가 구별되어지나 일반인들

이 쉽게 구분하기는 어렵다.

열매가 달리는 나무가 암꽃이 피는 나무라고 생각하면 의외로 간단하다. 열매 또한 아주

붉게 달린다.

주목의 열매는 항아리처럼 위쪽이 열려 있다. 만지면 콧물처럼 끈적끈적한 느낌이 든다.

열매살의 가운데가 비어 있어 속에 들어 있는 씨가 보인다.

열매에는 독성 성분이 있는 것으로 알려져 함부로 입에 넣거나 먹다가는 의외의 낭패를

당할 수 있다.

주목

조 남명

지구에 살아 있는 것 가운데
가장 길게 산다는 주목(朱木)
살아서 만 년, 죽어서 천 년
일만 이천 년을 산다고 했던가.

우리 땅 높은 산 정상쯤에 자라는 주목
선조들은 민약으로 써왔고
근래 항암물질이 있다 하여
세계 곳곳에서 보호하고 있다.

수형이 아름다울 뿐 더러
재질도 돌처럼 단단한지라
중요 조각, 가구재로 쓴다.

붉은빛과 향으로
악귀를 쫓는다는 이 나무
구상나무와는 달리 둥근 열매가 달린다
천연기념물인 이 귀한 나무를
우리가 모두 지켜주지 않으면 어쩌겠는가.

•수꽃•

•암꽃•

•열매•

37 진달래

봄이 오는 어느 날 저녁 가요프로그램에서 실제로 있었던 일이다.

노랫말이 가장 아름다운 노래의 하나로 '봄날은 간다.'가 소개되고 뒤이어 소리꾼 장사익 씨가 노래를 불렀다.

『연분홍 치마가 봄바람에 휘날리더라.

오늘도 옷고름 씹어가며 산 제비 넘나드는 성황당 길에

꽃이 피면 같이 웃고 꽃이 지면 같이 울던

알뜰한 그 맹세에 봄날은 간다.』

진달래는 잎이 나오기 전에 화사한 연분홍 꽃을 피워 그 아름다운 자태를 한껏 뽐낸다.

그 아름다운 모습 때문에 사랑을 주제로 한 노래의 단골이 된 지 오래다.

진달래는 꽃이 핀 다음에 잎이 나오는 특징이 있다.

꽃과 잎이 거의 같이 피는 철쭉 종류와 쉽게 구별된다. 또한, 철쭉은 꽃이 흰 빛에 가까울 정도로 연한 분홍빛이다. 하나, 산철쭉과 영산홍은 구분하기 쉽지 않다. 일본인들이 철쭉과 산철쭉을 가지고 오랫동안 품종개량을 하여 수백 가지 품종을 만들었는데, 이를 모두 합쳐 부르는 이름이 바로 영산홍이다.

주변에서 흔히 보는 정원수의 대표적인 꽃나무가 대부분 영산홍이거나 산철쭉이다.

어릴 때 군것질 삼아 한 입 가득 물고 연분홍빛으로 변한 입술과 혀로 돌아다니던 시절이 참 그립다. 이제는 이것저것을 생각하느라, 한 입 가득은커녕 꽃잎 하나도 지근지근 깨물기 힘들게 되었다. 가장 흔히 대하던 제일 친근한 진달래가 어느새 낯선 꽃처럼 되었다.

봄이 오면

김 동환

봄이 오면 산에 들에 진달래 피네
진달래 피는 곳에 내 마음도 피어
건너 마을 젊은 처자 꽃 따러 오거든
꽃만 말고 이 마음도 함께 따가주

봄이 오면 하늘 위에 종달새 우네
종달새 우는 곳에 내 마음도 울어
나물 캐는 아가씨야 저 소리 들거든
새만 말고 이 소리도 함께 들어주

•진달래•

• 산철쭉 •

나는야 봄이 되면 그대 그리워
종달새 되어서 말 붙인다오
나는야 봄이 되면 그대 그리워
진달래 꽃 되어서 웃어본다오

• 영산홍 •

• 철쭉 •

38 쥐똥나무

가을에 달리는 열매의 색깔이나 크기는 물론이고, 그
모양까지 쥐똥을 그대로 빼닮아서 붙여진 이름이다.

그런데, 쥐똥이 어떻게 생겼는지 모르는 요즘의 어린이들에게는 설명하기 참 어렵다.

지방에 따라서는 남정실 또는 백당나무라고도 한다. 북한에서는 검정알 나무라고 불린다.

남쪽지방에서 울타리용으로 흔히 볼 수 있는 광나무의 열매는 ― 쥐똥나무를 달리 가리키
는 남정실(男貞實)에 대비하여 여정실(女貞實)이라고 부른다.

어디서나 잘 자라는 특성 때문에 생울타리용으로 많이 활용되고 있다.

도심의 공원이나 도로변의 생울타리는 대부분 쥐똥나무로 되어 있다.

특히 아파트 내 어린이 놀이터 울타리의 쥐똥나무는 키를 맞추기 위해 미리부터 잘려나
가는 모습을 종종 볼 수 있다. 하지만, 나뭇가지는 꽃이 피고 난 다음에 자르는 것이 좋다.
그해에 새로 돋는 초록색 가지 끝에서 꽃을 피우기 때문이다.

흰 꽃이 피고 난 후에 초록색으로 시작한 열매는 검은 보랏빛을 거쳐 깊어가는 가을과 함
께 새까맣게 익어 간다. 아담하고 애처로워 보일 정도로 소박한 나무다. 그 가녀린 자태로
온갖 공해로 찌든 도회지 한복판에서 생울타리 노릇을 톡톡히 하고 있는 것이 볼수록 참
으로 경이롭고 대견할 지경이다.

쥐똥나무

박 근모

쥐똥나무 울타리에
형의 검정고무신을 숨겼다

덤불 속 깊이 들어간
고무신은 칠 년 후
겨울 나뭇가지처럼 비쩍 말라서
흔적만 겨우 남아있었다

나는 시치미를 뚝 뗐다
형은 급장이 되어 선생님께
검정고무신을 선물 받았고
나는 시험 봐서 맞은 거보다는
틀린 게 더 많아서 머리통에
꿀밤만 실컷 얻었다

그날 쥐눈처럼 반짝이던 고무신의 코
뾰족하게 깎은 쥐똥나무 작대기로
냅다 찔러서 구멍을 냈고
미운 형의 눈빛을 생각하며 몰래 숨겼다

서울에 올라와 고등학교 들어간 날
고향에 사는 형이 선물을 보내왔다
상자에는 구두가 들어있었다
쥐눈 보다 더 반짝이는 고급 가죽구두가

한 쪽에는 반신불수된 형이
비뚤배뚤한 글씨로 써 보낸 쪽지가 접혀있었다
– 검정고무신은 처음부터 네 것이었...어.., 사...랑..해

39 찔레나무

『찔레꽃 붉게 피는 남쪽나라 내 고향 / 언덕 위에 초가삼간 그립습니다. / 자주고름 입에 물고 눈물 흘릴 때 / 이별가를 불러주는 못 잊을 사람아』

흘러간 유행가 가사 속에 등장하는 찔레꽃은 노랫말처럼 붉게 피지 않는다.

티 한 점 없이 해맑은 흰 색의 꽃을 피운다.

찔레꽃 향기는 그 어느 향수나 화장품 이상으로 그윽하고 신비롭다.

가을의 문턱에 들어서면 붉은 열매를 맺어 야생동물들의 먹이가 된다.

사람들은 그 열매를 따서 말린 뒤 여러 가지 약재로 쓴다.

서양에서는 찔레나무 뿌리로 만든 담배파이프를 최고로 쳤다. 그런 탓에 내로라하는 애연가들의 애장품에 들기도 했다.

찔레나무의 유래는 처음에는 '찌르는 나무'로 불리다가 찔레나무가 된 것으로 전해진다.

가시는 겁나지만 밑동에서 자라는 새순은 산골 아이들의 산뜻한 간식거리였다.

여린 가시가 송골송골 돋은 껍질을 살짝 벗기고 나면 파르스름한 속살이 드러났다.

그 속살을 한 입 베어 물면 '뱀 나올라. 조심해라.'는 어른들의 경고마저도 그저 한 귀로 흘려듣게 되곤 했다. 찔레나무 아래에 꽃뱀이 산다는 것은 시골 아이들의 상식이었다.

그리고 코흘리개 사내아이들마저도 새하얗고 향기로운 찔레꽃을 보면 시집 간 누이를 떠올리며 잠시 먼 하늘을 바라보기도 했다.

하얀 찔레꽃

무삼茂森 구 자운

백장미와는 비교가 안 될 정도로
달빛에 비취는 모습이
소박素朴하고
소월素月보다도
희다

부잣집 아들이
귀찮게 따라다니지만
안중에도 없고
도시락을 싸오지 못하는 애들에게
자신의 몸뚱이를 통째로 내어준다

•꽃•

•열매•

40 쪽동백나무

쪽동백나무는 수피가 매끈하고 몸매도 날렵해 보는 이의 눈을 시원하게 해준다.

쪽동백나무처럼 몸매가 홀쭉한 것은 비교적 더디게 자라기 때문에 한 눈에 들어온다.

크게 자라도 5~6m정도가 고작이다. 그 대신 목재의 조직은 아주 치밀하다. 줄기의 껍질이 짙은 검은 색인데 비해 속살은 아주 맑은 우유색이라서 색상의 대조가 무척 아름답다.

그래서 목재는 소품가구나 솟대 정도를 만드는데 쓰였다.

요즘에는 껍질과 속살의 흑백 대비를 이용해 나무목걸이, 열쇠고리, 나무곤충 등을 만드는데 많이 활용되고 있다. 휴양림에서 만들기 프로그램으로 쉽게 진행할 수 있다. 방문객들에게 선물도 할 수 있어 나무 목걸이 만들기는 인기가 높다. 하나, 재료로 사용되는 쪽동백나무가 여기저기서 마구 잘려나가는 현실을 직시할 필요가 있다.

10년쯤 후에는 우리 주변에서 아예 쪽동백나무를 볼 수 없는 날이 올지도 모른다.

이제부터라도 도토리깍정이나 솔방울, 솔잎 등의 산림부산물을 활용한 만들기 프로그램으로 전환해야 할 것이다.

쪽동백나무 열매에서 기름을 짤 수 있어 등잔용이나 머릿기름용으로 애용되었다.

또한, 열매나 잎 속에는 어류 같은 작은 동물을 마취시키는 에고사포닌이란 성분이 들어 있다. 그래서 간단한 고기잡이에 자주 사용되곤 했다. 열매를 찧어 물 속에 풀면 물고기는 순간적으로 기절해 버린다. 사람도 어지럼증을 느끼거나 구토를 할 수 있으므로 먹으면 안 된다.

나무목걸이

박 근모

•때죽나무 꽃•

쪽동백 나무목걸이 만들어
걸어줄 사람을 찾아 하루 종일 헤맸다
다음 날 가만히 쪽동백나무에서
빠져 나온 여린 가지에
나무목걸이를 걸어두었다

나는 이제 누구를 그리워하며 살까

•쪽동백 나무 열매•

•쪽동백 나무 꽃•

•쪽동백 연필꽂이 외•

•나무곤충•

•벌레집•

41 층층나무

마디마다 규칙적으로 가지가 돌려나면서 가지런히 층을 이룬 모양이 전체적으로는 마치 탑을 층층이 쌓아올린 듯하다. 층층 계단 형태를 이룬 채 우뚝 솟아 있다. 그냥 층층이라고도 하고, 계단나무라고도 한다.

이름도 독특하지만 모양새 또한 특이하여 한 번 보면 오래도록 기억할 수 있는 나무이다. 층층나무의 어린 가지는 겨울이면 붉은 빛이 강하다.

나무껍질은 줄기의 굵기가 거의 한 뼘이 될 때까지는 갈라지지 않고 매끄러운 회갈색을 띤다. 늦봄에서 초여름에 걸쳐 새가지 끝에 흰색이 도는 작고 편평한 꽃이 흐드러지게 핀다. 열매는 둥글며 가을에 붉은 빛에서 검은 빛으로 익는다.

속살이 깨끗한 나무의 특성을 살려 나무 인형 등의 조각품을 만드는데 사용된다.

초막골 충충나무

윤 인구

꽃

선자령 가파른 하산길
초막골 계곡 바위틈에
팔자사나운 꼬부라진 충충나무
질기게 뿌리를 박고 서 있다
반질반질 달아서 윤이나는 나무 아랫도리
쪼그라진 열매 몇 개 별처럼 매달고
시선은 늘 먼 바다를 바라보고 있다
길 한번 더럽게 험하네, 나무에 매달려
겨우겨우 죄많은 육신 보존하고 내려온 사람들
다들 같은 얘기 한 마디씩 걸어놓고들 간다
다 팔자소관이지, 니팔자나 내팔자나,
허나 이건 길이 아니고 나의 生이야
거처가는 사람들에게 일일이
부실한 가지로 쓸쓸히 손을 흔들어주던 충충나무
나도 각별한 애정의 표시로
노란리본 하나 가지에 매달아주고 왔는데
저녁 무렵 땅거미 따라서
수런수런 꼬부라진 충충나무
신아래 마을로 내려오고 있었다

열매

42 참나무
(도토리 형제들)

수많은 도토리 열매를 맺어 사람과 동물에게 먹을 것을 제공한다. 또한, 목재로서의 쓰임새가 뛰어나 진짜나무라는 뜻으로 참나무란 이름으로 불린다. 실제로 수목도감에서 참나무 속(屬)이나 참나무과라는 말은 있어도 참나무라는 나무는 존재하지 않는다. 도토리 열매를 맺는 나무를 통칭하여 참나무라고 한다. 이에는 굴참나무, 상수리나무, 졸참나무, 갈참나무, 신갈나무, 떡갈나무 등의 6가지 종류가 있다.

굴참나무와 상수리나무는 잎이 좁고 긴 타원형이며 가장자리에 침 같은 톱니가 있다. 굴참나무의 잎 뒷면은 희끗희끗한 회백색이고, 상수리나무의 뒷면은 연한 녹색이다.

굴참나무와 상수리나무는 올해 꽃이 피고 내년에 열매가 맺힌다. 다른 참나무들은 꽃이 핀 바로 그 해에 열매를 맺는다.

졸참나무는 참나무 중에서 잎이 가장 작은 졸병 참나무로 잎은 달걀 모양이고 가장자리에 톱니가 있다. 갈참나무는 잎이 크며 잎자루가 있고 가장자리가 뾰족하다.

신갈나무와 떡갈나무는 둘 다 잎이 크고 잎자루가 없다. 신갈나무는 잎의 크기가 어른 손바닥만 하고 두껍지 않으며 뒷면에 떨이 없는 반면, 떡갈나무는 잎이 크고 두꺼우며 잎의 뒷면에 짧은 갈색털이 융단처럼 깔려 있다.

신갈나무는 옛날 산에서 나무를 할 때 짚신 밑에 잎을 깔아 짚신이 쉽게 헤지지 않게 했다고 해서 신갈나무란 이름이 붙여졌다. 떡갈나무는 떡을 찔 때 크고 두꺼운 잎을 사용했기에 떡갈나무라고 불리게 되었다.

굴참나무는 껍질이 코르크 성질의 굴피로 싸여 있다. 굴참나무 껍질로 지은 집을 굴피집이라 하여 예전에는 산촌 마을에서 흔히 볼 수 있었다. 하나, 굴피집은 굴피나무 껍질로 지은 집이 아니다. 굴피나무에는 코르크 성질의 굴피가 없다.

상수리나무에서 나는 도토리 열매로 묵을 쑤어 임금님의 수라상에 올렸다고 해서 ― 수라상, 상수라 등이 변해서 상수리나무라는 이름이 되었다.

봄, 참나무

이 재무

신갈나무

보는가, 단단한 껍질 속 웅크린
화약 같은 푸른 욕망을
어느 날 다순 햇살 다녀가서
일순 폭발하는,
저 강렬한 순녹의 빛다발
몸 안의 모오든 실핏줄
팽팽히 당겨지는 내연의 숨가쁨
아는가, 참나무는 죽어서도
왜 숯이 되는가를

졸참나무

굴참나무

•갈참나무•

•떡갈나무•

•상수리나무•

43 함박꽃나무

늦봄에서 초여름에 물소리가 들리는 계곡을 따라 산길을 걷다 보면 어디선가 은은하고 향기로운 냄새가 코 끝을 자극하게 마련이다. '이것이 대체 무슨 냄새인가?' 하고 주변을 두리번거리며 살피면 하얀 꽃잎으로 둘러싸인 꽃을 발견 할 수 있다.

목련의 꽃은 시건방지게 하늘을 바라보고 피는데 비해 함박꽃나무의 꽃은 아래를 향해 다소곳이 피어있다. 그 모습이 참으로 다소곳하고 깔끔하기 이를 데 없다.

목련은 꽃이 핀 다음에 잎이 나오지만 함박꽃나무는 잎이 나온 다음에 꽃이 핀다.

산에서 자라는 목련이라는 뜻으로 흔히 산목련으로 불린다.

북한에서는 1991년 4월에 공식적으로 국화로 지정했다. 북한에서는 목란으로 불린다.

지방에 따라서는 함백이 또는 개목련으로도 부른다.

한자 이름으로는 천상의 여인에 비유하여 천녀화(天女花)라고 했다.

나무의 심재에서 그윽한 향기가 나기에 공예품을 만드는데 사용되었다.

그 덕분에 고급 목재로 인식되기도 했다.

숲해설 과정에서 북한의 국화로 설명하면서도 확신하지 못했었다.

직접 실체를 확인한 상황이 아니었기 때문이다.

한데, 2011년 어느 날 우연히 직접 확인할 수 있는 기회가 있었다.

북한에 조문 사절단으로 간 우리 쪽 방문객을 접견한 장소의 뒷벽에 크게 그려진 그림에서 북한이 국화로 성한 함박꽃을 확인할 수 있었다.

비록 TV 화면을 통해서이지만 그래도 직접 그 실체를 확인할 수 있었다.

함박꽃 필 무렵

나 병춘

함박꽃 필 때 앉아 있던 새는
초생달 함박꽃 향기로 알을 낳고
그 알은 함박꽃 웃음의 달빛을 받아
함박꽃 깃털로 태어난 새가 되어서
달이 뜨면 달 속의 그네에 앉아 노래부르다
별빛이 쏟아지는 밤 함박꽃에게로 날아와
푸른 함박꽃 잎새에 반달 꽃향기 소식을 전하고
새끼새는 달님 속 함박꽃 향기네 집으로 깃들었다가
엄마새가 남겨놓은 둥지 속에 보름달 새알을 또 낳아서
푸른 잎새와 함박꽃 향기로 지붕을 만들어
그 속에 함박꽃나무를 옮겨다 심고
보름달 뜨면 달무리 울음을 운다
함박꽃 필 날 기다리며
함박꽃 향기로 춤을 춘다

•열매•

우단하늘소

•꽃•

•백목련•

•자목련•

44 황벽나무

코르크로 된 두꺼운 겉껍질을 벗겨내면 선명한 노란 색의 속껍질이 나타난다.

나무 이름은 이 속껍질의 색깔에서 따온 것이다. 이 속껍질에 0.6~2.5% 가량 함유된 벨베린(Berberine)이란 성분은 현대 의학에서도 귀하게 쓰고 있다.

생약은 폐렴균, 결핵균, 포도상구균 등에까지 발육저지 작용과 살균작용이 있다.

식욕을 촉진하는 효과도 있다고 알려져 있다.

몸에 좋다고 알려진 나무들은 예외 없이 수난을 당하게 마련이다. 특히, 껍질이 약으로 쓰인다고 하면 아예 나무를 베어 쓰러뜨린 뒤 껍질을 몽땅 벗겨가기 일쑤다.

황벽나무 역시 산뽕나무나 느릅나무 등과 함께 큰 수난을 겪고 있다.

황벽나무 잎은 제비나비, 산제비나비 유충 등의 먹이이기도 하다.

생태공원 등에서는 나비를 유인하고 기르기 위한 용도로도 이용이 가능하다.

나무이야기

- 코르크 수피가 있는 나무 비교해 보기
- 개살구나무, 굴참나무, 황벽나무

황벽나무를 만나다

주 용일

산제비나비 애벌레

숲에서 황벽나무를 만나
선승 닮은 그 나무를 마주하고
대사!하고 불러보네
아무 말이 없네
묵언 수행이 깊은가 보네
아마도 뿌리로 어둠을 닦고
수십 년을 저리 담담했나 보네
말 너머에 있는 세상을
키 큰 황벽나무는 보았다는 것인가

황벽나무 수피

이러한 시를 쓰다가 나는 졸았네
졸림 속에서 만난 황벽나무의
이파리들이 바람에 딸랑거리고
딱딱한 나무껍질 안쪽에서 울리는
누군가의 경 읽는 소리를 들은 듯했네
졸음의 경계를 찾지 못하여
꿈과 생시를 분간할 수 없었네

산제비나비

45 화살나무

나뭇가지에 화살의 날개모양을 한 얇은 코르크가 세로로 줄줄이 붙어 있기에 쉽게 찾을 수 있다. 다른 초식동물로부터 자기 몸을 보호하기 위해 가시 대용으로 날개를 달고 있는 것이다.

이른 봄에 나오는 새순은 나물로 먹을 수 있다.

늦봄에 황록색의 작은 꽃이 피고나면, 가을에 콩알만 한 열매가 황적색으로 익는다.

특이한 모양의 날개와 가을의 붉은 단풍, 아름다운 주홍색 열매 등을 보기 위해 주로 정원수로 많이 심어지고 있다.

화살나무

최 정원

•열매•

언젠가는 마음을 보내려고
그 해 봄부터
눈여겨 보았던
화살나무 한 그루

견딜 수 없는 가을이 오면
바람결에라도 화살 한 촉
당겨 보리라, 생각 했었지

많고 많은 얘기들
잎새에 물들여놓고
차마, 빈 화살만 보낼 수 없어
또다시 다음을 기약할 밖에

•단풍 진 모습•

2부

이야기 숲 꽃

1 구절초

국화과 여러해살이풀이다. 5월 단오에는 줄기가 다섯 마디가 된다. 9월에는 줄기가 아홉 마디가 되기에 구절초란 이름이 붙었다.

꽃 모양이 신선 같이 깨끗하다 하여 선모초(仙母草)로도 불린다.

주로 전국 야산의 초입이나 마을 어귀 등에서 쉽게 볼 수 있다.

여름철 낮은 산에서 높은 고원지대까지 햇살이 잘 드는 곳이면 쉽게 만날 수 있다. 희거나 불그스름한 꽃이 줄기 끝마다에 한 송이씩 앙증맞게 핀다.

잎과 줄기에 흰 털이 돋아있다. 여러 줄기가 동시에 올라와 여러 송이가 피기에 보기에 무척 아름답다. 꽃향기가 은근하고도 강해 가을 정취에 푹 빠져들 수 있다.

척박한 땅에서도 잘 자라는 질긴 생명력이 특징이다.

봄철 새순은 봄나물로 먹거나 떡에 넣어 먹는다.

음력 9월 9일 중양절(重陽節)에 첫 선을 보이는 국화주(꽃잎으로 담근)는 예전부터 귀한 약술로 통했다.

꽃과 줄기는 손발이 차거나 산후냉기 같은 부인병 치료와 예방에 유용한 한약재로 쓰인다.

꽃을 베개 속에 넣으면 두통에도 효과가 있고 탈모 예방에도 좋다.

단군신화에 곰이 쑥을 먹고 여인이 된다는 이야기가 있다. 하지만, 쑥은 높은 산에서는 자라지 않기에 황해도 자생식물인 '서홍구절초'를 단군설화 속의 쑥으로 추정하기도 한다.

서홍구절초는 개화기가 구절초중 가장 늦고 진분홍색이다.

종류에는 산구절초, 바위구절초, 한라구절초, 낙동구절초, 포천구절초 등이 있다. 씨앗을 뿌리면 꽃을 볼 때까지 한 해를 더 기다려야한다. 꺾꽂이나 포기나누기도 잘 된다.

구절초꽃

김 용택

하루해가 다 저문 저녁 강가로
산그늘을 따라서 걷다보면은
해 저무는 물가에는 바람이 일고
물결들이 밀려오는 강기슭에는
구절초꽃 새하얀 구절초꽃이
물결보다 잔잔하게 피었습니다
구절초꽃 피면은 가을오고요
구절초꽃 지면 가을 가는데
하루해가 다 저문 저녁 강가에
산 너머 그 너머 검은 산 너머
서늘한 저녁달만 떠오릅니다
구절초꽃 새하얀 구절초꽃에
달빛만 하얗게 모여듭니다
소쩍새만 서럽게 울어댑니다

2 궁궁이

미나리과 여러해살이풀이다.

'토천궁 천궁'으로도 불리는데 북한에서는 백봉천궁으로 불린다.

주로 산골짜기에서 자란다.

8~9월에 작고 하얀 꽃이 소복하게 모여 핀다.

꽃대는 길게 올라와 가지마다 곁가지를 뻗는다. 처음에는 곁가지가 난 마디마다 넓은 잎

이 감싸고 있지만 자라면서 밑으로 처진다.

줄기는 자주색으로 곧게 서고 성글게 가지를 친다.

둥근 기둥 모양인데 속이 비어있다.

잎은 쪽잎 수십 장이 모인 겹잎이다.

어린순은 날로 먹거나 나물로 먹는다.

생선이나 고기 요리할 때 넣으면 음식 맛이 개운해진다.

비타민 E와 미네랄이 풍부한 건강식품이다.

뿌리줄기를 천궁이라 하는데 장을 튼튼히 하고 몸을 보하며 혈압을 내리고 자궁을 수축시

킨다. 경련을 가라앉히고 마음을 안정시킨다. 통증과 병균을 없애는 효능이 있다.

생리불순, 여성질환, 산후회복이 느릴 때 처방한다.

그 가을날

김 인호

가을 숲 속, 그 적막 속에 들어
툭, 도토리 하나 떨어지는 소리에
소스라쳐 신경을 곤두세우면
바람소리 하나 들리지 안던
숲 속, 그 적막 속에 집을 짓고 사는
바람의 소리, 자벌레의 소리,
궁궁이 꽃 지는 소리,
저만치 앞서가던 아버지 등 뒤로
언뜻언뜻 내리는 가는 햇살에
까닭없이 서러워져서는
내 마음의 잎새 지는 소리까지
환히 듣던 날이었던가
그 가을날

(섬진강 편지 46)

3 기린초

돌나물과 여러해살이풀이다.

상상의 동물인 기린의 뿔에 비유하여 기린초라는 이름이 되었다고 한다.

기는 수컷, 린은 암컷을 가리키는 기린은 몸은 사슴과 같고 꼬리는 소, 굽은 말과 같다. 등에는 다섯 가지 색깔의 털, 배에는 황색 털, 머리 위에는 육질로 둘러싸인 한 개의 뿔을 갖고 있다. 재주와 지혜가 뛰어난 사람을 '기린아'라고 부른다.

산의 바위 주변에서 초여름에 볼 수 있다. 돌나물과 비슷하며 줄기가 곧게 서 있는 풀이다. 잎은 두툼한 다육질이다. 잎 가장자리가 톱니 같이 생겼다. 노란 꽃은 끝이 뾰족해 별처럼 생겼다.

다섯 장의 별모양 꽃잎 속에 빨간 수술이 있는데 그 모습을 보고 있노라면 마치 밤하늘을 수놓은 무수한 별들을 보고 있는 느낌이 든다.

여러 개의 줄기가 모여 포기를 만들고 줄기 끝에 꽃을 피운다.

두툼한 잎에는 수분이 많아 척박하고 건조한 곳에서도 잘 견딘다.

연한 새순은 봄나물로 먹는다. 돌나물과 한 가족이다.

꺾꽂이가 될 정도로 생명력이 아주 강하다.

관상용, 조경용으로 인기가 있다.

종류에는 가는 기린초, 섬기린초, 태백기린초 등이 있다.

기린초의 행복한 미소

김 귀녀

암벽이 갈라진 돌 틈 사이 노란 기린초
달동네 아이들 까맣게 탄 얼굴 닮아
탱탱하고 싱그럽다
천둥 번개, 소낙비 스쳐간 자리에서
일가친척 모여 소담스럽게 웃고 있다
진흙탕 계곡으로 곤두박질치며
숨도 쉴 수 없었던 지나간 여름의 태풍
돌 틈에 끼여
절망을 붙잡은 튼튼한 뿌리
꽃의 미소를 지켜 주신 하나님께
감사하는 노란 미소
바람에 실어 보내고 있다

4 금낭화

현호색과 여러해살이풀이다.

꽃말은 '당신을 따르겠습니다!'이다. 땅을 향해 고개를 숙이고 있는 꽃모양 때문에 '겸손과 순종의 미'를 겸비한 꽃으로 통한다.

심장(하트) 모양의 꽃이 예쁜 비단주머니처럼 생겨 금낭화(金囊花)라는 예쁜 이름을 얻었다.

며느리주머니꽃, 등모란, 덩굴모란 등으로도 불린다.

영어로는 'bleeding heart(피가 흐르는 심장)'로 불린다.

남부지방에서는 3월말부터, 중부지방에서는 4월~6월에 꽃을 피운다.

어린 여자아이들이 양 갈래로 땋아 끝이 올라간 머리모양을 하고 진분홍 꽃잎 사이로 새하얀 얼굴과 목을 드러내고 있는 듯하다.

한 줄기에 여러 개의 꽃이 등처럼 조롱조롱 매달려 있다.

진분홍색의 꼬부라진 부분이 꿀주머니이다.

봄부터 여름까지 모양도 색도 어여쁘기 만한 꽃을 오래 볼 수 있다.

독이 있기에 어린순을 삶아 우려낸 뒤 나물로 먹는다.

산기슭에 무리지어 자란 금낭화 줄기를 낫으로 벤 뒤 포대에 담는 모습을 강원도 산골에서는 종종 볼 수 있다.

금낭화

권 달웅

댕기 붉은 산새 한 마리
울다 갔다.

그늘진 숲에서
바람이 불 때마다
붉은 입술에
하얀 밥풀을 물고
숨어 웃는 새 며느리 같은
금낭화.

며느리밥풀주머니라는
이름을 달았다.

•하늘소 짝짓기•

5 꿩의 바람꽃

미나리아재비과 여러해살이풀이다. 꽃말은 '비밀의 사랑, 사랑의 괴로움'이다.

이른 봄에 바람만 불어도 피어나기에 바람꽃이라 불린다.

속명은 Anemone로 '바람 또는 바람의 딸'이란 뜻이다.

4~5월 중부 이북지방의 산기슭이나 숲가장자리에서 자란다.

자줏빛이 도는 흰빛의 화피가 8~13장으로 다른 바람꽃보다 많다. 그 안에 노란 수술이 소복이 모여 있다. 바람꽃 중 꽃이 가장 크다.

잎은 다른 바람꽃에 비해 둥근 꽃턱잎 석장이 꽃 아래 돌려 나 있다. 산에서 군락으로 눈에 띈다.

뿌리는 풍습, 경련, 골절 등에 따른 통증에 쓴다.

종류에는 바람꽃, 쌍둥이바람꽃, 들바람꽃, 홀아비바람꽃, 만주바람꽃 등이 있다.

꿩의 바람꽃

김 종제

바람처럼 홀연히 왔다가
바람처럼 사라져 가버리는
한 남자가 있었다
꽃처럼 눈부시게 왔다가
꽃처럼 사라져 가버리는
한 여자가 있었다
깊고 험한 산중에
겨울의 얼음을 깨뜨리고
바람과 꽃이 만났으니
누구 보라고
저렇게도 순백純白으로 피었는가
아네모네 꿩의바람꽃이라고
당신이 만들어 놓은
감옥의 쇠창살을 부수려고
내 목을 베어
희디흰 피를
그렇게 사방에 뿌려야 했을까

내가 폭풍같이 불어서
꽃을 당신을
파계시키려고 했었나
당신이 고운 꽃처럼 피어서
바람을 나를
파멸시키려고 했었나
바람 불지도 않았는데
마음속에서부터
파문이 일어나는 것을 보니
흰 바람꽃 하나 피는 것을 보기 위해
내가 죽어
당신에게 순교하고 싶은가 보다

6 꽃향유

꿀풀과 여러해살이풀이다.

향기로운 기름을 추출할 수 있는 예쁜 꽃이라서 '꽃향유'라는 이름이 붙여졌다.

산과 들의 볕이 잘 드는 곳이나 메마른 곳에서 자란다.

붉은 보랏빛의 작은 꽃들이 모여 한쪽 방향으로만 핀다.

수술 2개가 꽃 밖으로 길게 나온다.

향기가 꽃뿐 아니라 식물 전체에서 난다.

줄기는 네모지고 털이 많다.

잎자루까지 흐른 달걀꼴 잎이 마주난다.

잎의 앞뒤에 털이 조금 나있다.

향유는 꽃대가 꽃향유보다 좁고 길다. 꽃향유는 향유보다 붉기에 붉은 향유라고도 부른다.

두통, 발열, 곽란, 기침 등에 효과가 있다.

여름에 차로 마시면 열병을 다스리고 위를 따뜻하게 한다.

향료로 쓴다.

꽃이 아름답고 메마르고 척박한 곳에서도 잘 자라 관상용으로 좋다.

종류에는 향유, 좀향유, 흰향유, 분홍향유 등이 있다.

꽃향유

김 종제

향기 가득한 꽃 같아서
나는 벌레처럼 손 내민 적 많았다
그러면 누이는 제 몫을 뚝 떼어
주머니 속에 슬쩍 찔러주곤 하였다
누이는 제 할 일이 따로 있다고
묵주를 놓지 않았다
늙은 애비 쓰러진 날도
옆에 앉아서 꽃 피었다
그 향이 어찌나 맑고 고운지
하루도 지나지 않아
혼자서 거뜬하게 일어나셨다는데
오늘은 갈바람 들녘에서
갸날프게 서 있는 것이
기나긴 적선으로
누이가 너무 힘들었나 보다

뿌리에서 같이 나왔다고
내가 다 빼앗아 갔구나
그 진한 사랑을
남김 없이 다 주어서
아직도 내가 숨쉬고 있구나
혼인도 하지 않은 누이가
성모를 닮아가는구나
내가 저 꽃향유 앞에서
무릎 꿇고 기도해야 할 일이 많다
나의 마리아여, 나의 누이여
비가 온다고 쓰러지겠느냐
바람 분다고 꺾이겠느냐
당신의 향기로 내 심장이 뛰고 있다

7 나도송이풀

현삼과 한해살이풀이다.

산과 들의 양지바른 곳에서 자란다.

8~9월에 줄기 윗부분인 잎겨드랑이의 아래꽃잎에 2개의 흰 점이 있는 분홍 꽃이 핀다.

꽃모양은 며느리밥풀 꽃과 비슷하나 꽃길이가 짧고 통통하다.

줄기 전체에 부드러운 털이 빽빽이 나있다.

잎은 마주나고 깃꼴겹잎이고 가장자리에 톱니가 있다.

잎 뒷면은 자줏빛을 띤다.

스스로도 양분을 만들지만 다른 식물의 양분을 뺏는 반기생 식물이다.

한방에서는 식물 전체를 송호(松蒿: 소나무 쑥)라 하며 꽃이 피는 시기에 채취해 말린 후 황달이나 전신이 붓는 증세에 달여 먹는다.

나도송이풀

김 윤현

가뭄이 들면
잎으로 슬픔을 말립니다

바람이 세차게 불면
가지로 슬픔을 부러뜨립니다

서리 맵차게 내리면
열매로 슬픔을 떨어뜨립니다

혹한이 불어닥치면
뿌리로 슬픔을 땅속에 묻습니다

나도송이풀은 슬퍼도 슬퍼하지 않다가
그 슬픔으로 다시 꽃을 피웁니다

●알락하늘소●

8 나리

백합과 여러해살이풀이다. 꽃말은 '순결, 존엄'이다.

나리는 지체가 높거나 권세가 있는 사람을 높여 부르는 말로 꽃 중의 나리로 불릴 만큼 크고 아름답다.

중국 이름 백합은 뿌리가 백 개의 조각이 합하여 이루어졌다는 뜻이다.

전국 어디서나 잘 자란다. 생명력이 강하고 번식력도 좋다.

여름에 큰 꽃을 한 줄기에 3~10송이 정도 피우고 많을 경우 20여송이도 달린다. 대부분 주황색이지만 솔나리는 분홍색이다. 흰솔나리도 있다. 무리지어 군락을 이룬다.

꽃은 6갈래로 깊이 갈라지고 뒤로 젖혀질 만큼 활짝 핀다.

튼실한 수술과 암술이 길게 나온다.

어린 새순은 나물로 먹고 알뿌리는 찌거나 구워먹는다.

뿌리를 가루 내어 국수도 만들어 먹는다.

뿌리에는 기침을 멈추며 폐를 윤택하게 하고 심장의 열독을 풀어주어 정신을 안정시키는 효능이 있다.

산에 있어 산나리, 솔잎을 닮은 솔나리, 하늘을 바라보는 하늘나리, 고개 숙인 땅나리, 털이 많은 털중나리 등이 있다. 잎이 둥글게 돌아나는 말나리, 으뜸으로 치는 참나리 등이 있다. 참나리는 꽃잎에 점이 있어 호랑나리로도 부른다. 참나리는 열매를 못 맺고 줄기의 구슬 같은 주아가 땅에 떨어져 발아한다. 비늘줄기로 증식한다.

털중나리

신 순애

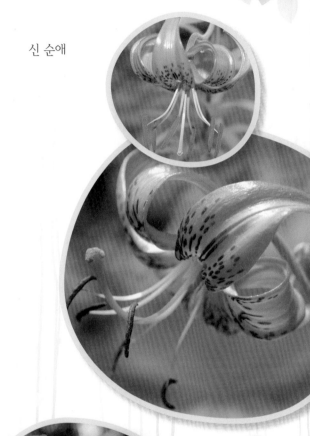

산 속에 숨었어도
눈에 확 띄는 그대
훤칠한 키 주홍 얼굴
다닥 다닥 주근깨가
피아골 핏물이 들어
고개 들지 못하네.

또르르 뒤로 말린
귀밑머리 감추인 채
달랑달랑 귀걸이만
흔들대는 땡볕 아래
학도병 동학군 넋을
위로하고 있구나.

너와 나의 격돌들이
피로 물든 골짜기에
온 몸의 잔털은야
속살을 감추기다
처절한 동족상잔 앞에
하늘까지 부끄럽네.

참나리

하늘 말나리

원추리

9 노루오줌

범의귀과 여러해살이풀이다.

노루가 사는 깊은 산속에 있고 뿌리에서 노루 오줌냄새가 나서 '노루오줌'으로 붙여졌다.

노루는 친근감 때문에 식물뿐 아니라 마을이름 등 지명에도 많이 쓰인다. 노루목, 노루골, 노루 장(獐)을 쓴 장산, 장천, 장평 등이 있다.

장구(獐狗)는 황송으로 만든 통에 노루가죽과 개가죽을 맨 장구가 최고의 소리를 낸다.

소승마, 구활, 진퍼리노루오줌, 숙은노루오줌, 큰노루오줌이라고도 한다. 북한에서는 노루풀이라고 한다.

산골짜기에 흔한 여러해살이풀로 여름에 줄기 끝에 분홍빛의 아주 작은 꽃들이 모여 고깔모양의 큰 꽃모양을 이룬다.

추위에도 강하고 특별히 관리 안 해도 여러 해 꽃을 볼 수 있어 관상용으로 인기 있다.

줄기와 잎은 소승마라 하여 감기, 두통, 몸살에 쓰이고, 뿌리는 적승마라 하여 진통작용과 혈액을 잘 돌게 한다.

노루오줌

박 근모

요 며칠째 아기노루가 오지 않습니다
자꾸 내 몸에다 오줌을 싸니까
싫어서 그런 것이 아니었는데
다른 곳에 가라고 했습니다

아기노루 자주색 눈동자를 글썽이며
나를 바라봅니다
다른 곳은 친구들이 먼저 차지해
좀처럼 끼어주지 않습니다
여기에 피어난 꽃들만이
아기노루의 친구입니다

아기노루는 산속 시냇가를 따라
아래로 아래로 걸었습니다
시냇가에는 새들의 친구
작은 동물들의 친구인
꽃들이 가득 피어 있었습니다

아기노루
갈 곳을 몰라 서성일 때
저기서 자기의 냄새를 맡았습니다
어서 오라고
어서 와서 네 그리움을
쏟아내라는 소리가 들렸습니다.

10 달개비(닭의 장풀)

달의 장풀과 한해살이풀이다.

꽃이 닭의 벼슬을 닮았고 닭장 주변에서 잘 자라기에 '달개비'가 되었다.

닭의 밑씻개, 닭의 꼬꼬, 닭의 발씻개, 계장초, 계거초 등으로도 불린다.

꽃잎이 오리발을 닮았다 하여 압각채, 대나무처럼 생겼다 하여 죽절채로도 불린다.

꽃말은 '짧았던 즐거움'이다.

집 주변, 풀숲, 산과 들의 다소 습한 곳에서 여름에 닭벼슬 혹은 나비 모양의 파란 꽃을 피운다. 꽃가루가 있는 긴 수술과 노란 꽃모양으로 곤충을 유인하는 헛수술이 있다. 꽃가루를 아끼기 위한 전략이다.

닭똥은 독해서 식물에 직접 닿으면 식물들이 잘 자라지 못하는데 닭장 주변에서도 잘 자라고, 최소한의 조건에서도 생명을 이어나간다. 잘린 마디에서도 뿌리가 나와 잘 산다.

당나라 시인 두보는 닭의 장풀을 '꽃이 피는 대나무'라고 부르며 즐겨 심었다고 한다. 줄기와 잎이 대나무를 닮았다.

어린 순은 나물로 먹는다. 뿌리째 약으로 쓰며 이뇨, 신장, 해열, 인후염, 천식, 위장병 등에 효과가 있다.

꽃잎으로는 비단이나 종이를 염색했다. 요즘은 샐러드 등에 넣어 먹는다.

종류에는 좀닭의 장풀, 흰닭의 장풀 등도 있다.

닭의 장풀과 다른 자주달개비는 5월에 꽃이 피는 여러해살이풀로 북아메리카가 원산지이다.

달개비꽃

최 남균

햇살 나른한 산길에서
보폭에 맞는 사람끼리 달리기하는데
자꾸만, 무슨 꽃이냐고
바이올렛이 아니냐고
응원 나온 소녀들처럼 수줍다고
물어보는 것인데, 감탄사가 숨차다.

낮에만 피우는 작은 꽃이
간밤 하늘에서 어슴푸레 떠돌았으니
남빛 꽃잎에 흥건한 이슬이 땀방울이라고
파란 가슴 다소곳이 가쁜 숨 가다듬은
이른 아침 산길에서
나란히 달리는 이가 자꾸만 ,묻는데
내 기억은 감감한 밤하늘이고
달개비 같은데, 무언의 아침은 밝다.

산은 깊은 심장에 바람을 품어
숨골 계곡은 경사로 내달리는데
쉬엄쉬엄 피었다가는 꽃이 무엇이냐고
자꾸만, 조근조근 속삭이며 같이 가자 하는데
눈에 밟히는 저 꽃이 무엇이냐고
의문이 엷어지는 동안 하산하니, 아직도 여름이다.

11 돌단풍

범의귀과 여러해살이풀이다.

접두어 '돌'은 열등하거나 품질이 낮은 것 또는 산이나 돌에서 저절로 자라는 것에 붙인다.

돌단풍의 '돌'은 바위틈에서 자라기에 붙여졌다.

장장포, 돌나리, 부처손, 석효채 등으로도 불린다.

중부이북의 깊은 산 계곡 바위틈에서 자란다. 5월에 연붉은색이 조금 도는 흰 꽃이 핀다.

꽃받침은 꽃잎과 같은 흰색이다.

뿌리에서 잎과 꽃대가 바로 나온다. 잎은 단풍잎처럼 5~7갈래로 깊게 갈라졌다. 가을에

붉은 단풍이 든다.

단풍드는 풀이라 조경, 관상용으로 인기가 좋다.

공중 습도가 높고 물 빠짐이 좋은 물가에서 잘 자란다.

겨울 추위도 잘 견뎌낸다. 포기나누기로 쉽게 번식된다.

어린잎과 꽃대를 그대로 먹거나 데쳐서 나물로 먹는다.

돌단풍

이 금한

개골물 힘차게 치고 나는 산중턱에
가파르게 들길을 끊고
무심한 바위틈에 뿌리를 내린다
꽃대 높이 세워 선 돌단풍은
제절로 피어난 것이냐
바람이 불어도 흔들리지 않는
그 마음으로 피어난 것이냐
담아둘 기억없이 흐르고 흐르는
계곡을 바라고 또 바라 보나니
물길따라 세차게 부는 바람만
말없이 지나치고 있는데
그대 기약하고 떠난 지
몇해가 흐르고 흘러
해마다 피었다 지는 마음은
그저 힘차게 흐르는 개골물만
바라고 바라 보나니
그 향기 흐르고 있어라

12 동자꽃

석죽과 여러해살이풀이다. 꽃말은 '지키지 못할 약속'
이다.

섬을 제외한 전국의 산에서 자라며 여름에 꽃이 핀다.

동자꽃 꽃잎은 주홍빛으로 다섯 장인데 한 장마다 하트모양을 닮았다.

잎은 타원형에 가깝고 잔털이 나있다.

먼 옛날, 암자에서 동자와 살던 스님이 먹을 것을 구하러 산 아래로 내려왔다가 눈이 많이
내려 그만 길이 막히고 말았다. 눈이 녹기를 기다리다 뒤늦게 암자에 돌아왔다. 하나, 기
다리던 동자는 산 아래를 내려다보며 얼어 죽어 있었다. 동자를 묻은 자리에서 돋아난 ─
동자를 닮은 꽃을 사람들은 동자꽃이라 불렀다.

여름에 깊은 산 속에서 만나는 동자꽃은 어린 동자를 반갑게 만난 듯한 착각에 빠지게
한다.

설악산 오세암에 얽힌 전설이기도 하다.

종류에는 제비 꼬리를 닮은 제비동자꽃, 털동자꽃, 가는동자꽃 등이 있다.

동자꽃

김 영남

배고파 기다리는 것이나
그리워서 기다리는 것이나
모두 빈 항아리겠지요

그런 항아리로
마을 내려다보이는 바위에
올라앉아보는구려

바위 위에는 노을이라도 머물러야
빈 곳이 넘칠 수 있나니
나도 바위 곁에 홍안의 아이나
데리고 앉아 있으면
내 그리움도 채워질 수 있을까요

목탁소리 목탁소리 목탁소리
어디선가 빈 곳을 깨웠다 재웠다하는
무덤 토닥이며 그윽해지는 소리

13 마타리

마타리과 여러해살이풀이다.

들에서 피는 노란 꽃이라 하여 야황화로도 불린다. 황황용아, 야근 여랑화, 강양취, 가양취 등으로도 불린다. 뿌리에서 콩 썩는 냄새가 난다고 하여 '패장'이라고도 한다.

양지바른 곳에서 자란다.

여름에 작고 노란 꽃들이 줄기 끝에 우산살 모양으로 모여 핀다.

줄기는 곧게 자라고 가지를 치며 아래쪽에만 털이 나있다.

여름에 키가 1~1.5m정도로 쑥 자라서 가을까지 꽃을 피운다.

꿀이 많아 곤충들이 좋아한다.

뿌리잎은 긴 타원형이다. 줄기잎은 마주나고 깃꼴로 깊게 갈라지고 가장자리에 톱니가 있다.

식물체에서 좋지 않은 냄새가 난다.

실제로 가까이하기엔 아주 부담스러운 꽃이다.

코를 가까이 대고 냄새를 맡아보면 보기와는 다르게 고약한 냄새가 나기에 다시는 가까이 하고 싶지 않은 꽃이다.

어린잎은 개감취라고 부르며 나물로 먹는다.

쓴맛이 약간 있어 우려낸 뒤 먹는다.

뿌리째 캐서 약으로 쓴다.

간을 보호해 주고 신통, 해독, 배농 등에 효과 있다.

간 기능 장애와 위장의 통증, 부인병 등에 처방한다.

귀공녀 마타리꽃

박 경용

황금관 쓰고 있는 목이 긴 귀공녀
홍근한 그리움 참고 참아 여읜 자태
한 줄기 바람에다 고인 정을 띄운다.

하늘 길 여는 시선
바람따라 향기롭다
애모의 구슬일랑 목걸이로 줄에 꿰어
영원의 금빛 유음(琉音),
님 가슴에 닿아지고

시린 가슴 쓸어안고 가을타는 사람들아
훠이훠이 가슴 열어 마타리와 같이하렴
순정이 과즙내어 서로에게 적셔주리

밤디 하늘소

14 매발톱꽃

미나리아재비과 여러해살이풀이다. 꽃말은 '독수리 발톱'이다.

꿀주머니가 안쪽으로 말려져 있다. 꽃모양이 오므린 매의 발톱 모양이라서 매발톱꽃으로 불린다.

영어로는 비둘기라는 뜻의 coumbarium이다. 거꾸로 피는 꽃의 모습을 두고 날개를 활짝 핀 비둘기 모습에 비유한 것이다.

산골짜기나 산기슭에서 늦봄부터 여름에 밤색이 도는 보랏빛 꽃이 한 송이씩 아래를 보고 핀다.

하늘 매발톱은 높은 산의 꽃밭이나 바위가 많은 곳에서 하늘빛의 남보라색 꽃이 피는데 매발톱꽃보다 키가 작고 꽃은 더 크다.

백두산이 있는 북부지방이 자생지로 2천m이상 고원지대에서 무리지어 피어난다.

미나리아재비과는 독이 있다.

전체를 누두채라 하며 통경(생리통), 혈액순환용 약재로 쓴다.

씨앗이나 포기나누기로 증식을 하며 꽃이 독특하고 예뻐 관상용으로 인기가 좋다.

매발톱

김 선우

야생화 전시장에서 산 거라고, 먼 곳에서
자그만 매발톱풀을 공들여 포장해 보내왔습니다
그 누구의 살점도 찢어보지 못했을
푸른 매발톱
한 석달 조촐하니 깨끗한 얼굴이더니
깃털 하나 안 남기고 날아가버렸습니다
매발톱풀을 아랫녘 밭에 묻어주러 나간 날은
이내가 파근하게 몸 풀고 있는 저물 무렵이었는데
거름이나 되려무나
밭 안쪽에 화분 속을 엎었습니다

화분 흙에 엉겨 있는 발톱의 뿌리는
보드라운 이내 속 깊은 허공 같아서
여리디여린 투명한 날개들이
그제야 사각대며 일제히 날아올랐습니다
아주 오랫동안 내 꿈속을 찾아왔으나
한 번도 내게 얼굴을 보여준 적 없는 바람을 타고
반짝이는 수천의 실잠자리떼
이내 속 깊은 허공으로 날아갔습니다
사람에 의해 이름 붙여지는 순간
사람이 모르는 다른 이름을 찾아
길 떠나야 하는 꽃들이 있다고 들었습니다

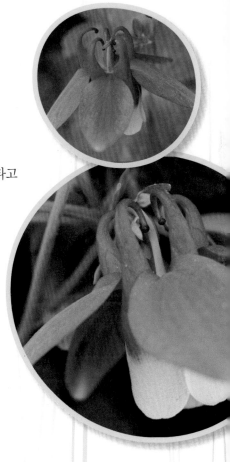

15 며느리밑씻개

마디풀과 한해살이풀이다.

꺼끄럼풀, 가시모밀, 가시덩굴, 가시덩굴여뀌 등으로도 불린다. 북한에서는 여뀌라고 한다. 일본에서는 의붓자식엉덩이 밑씻개라고 한다.

길가나 풀밭, 개울가 어디서나 사는 덩굴풀이다.

여름에 연한 붉은 색의 꽃이 피고 잎은 세모형인데 뒷면에 잔가시가 가득하다. 줄기는 사각형이며 붉은 빛이 도는 갈고리 같은 가시가 나있다. 이 가시 때문에 며느리밑씻개라는 이름이 되었다.

먼 옛날, 밭에서 일하던 시어머니가 갑자기 배가 아파 볼일을 보고 난 뒤 뒤처리할 마땅한 것이 없어 주변에 있는 풀잎으로 뒤처리를 했다. 한데, 부드러운 잎들 속에 가시가 난 풀잎이 뒤섞인 탓에 몹시 아팠다. 기분이 언짢아진 시어머니가 혼잣말로 '이런 것은 며느리가 쓸 때나 걸릴 것이지!'라고 내뱉은 탓에 이 풀의 이름이 '며느리밑씻개'가 되었다고 한다.

어린잎은 먹는데 새콤한 맛이 난다.

멍든 피를 풀어주는 며느리밑씻개에는 해독작용을 하는 Iso quercitrin 성분이 있기에 그 달인 물은 치질 치료와 예방에 유용하다.

며느리밑씻개

우공/이 문조

고초 당초 보다 맵다는
시집살이

고생하는 며느리가
안쓰러워야 할 텐데
보기만 해도 미웠던지
사사건건 생트집

아무리 아무리 밉다 해도
그것으로 밑을 닦게 하였을까
가시투성이 그것으로

상상만 해도 끔찍해
얼마나 아프고 쓰렸을까

그때 그 며느리들
떠나고 없어도
풀섶에 말 없이 피어있는
이픈 전설의 꽃
며느리밑씻개.

16 며느리배꼽

마디풀과 한해살이풀이다.

참가시덩굴여뀌라고도 한다. 북한에서는 참가시덩굴이라고 한다.

개울가나 길가, 들에서 자라는 덩굴풀이다. 여름 내내 푸르스름한 흰 꽃이 핀다. 잎은 세모꼴이고 잎 뒤에 잎자루가 붙는다.

턱잎이 줄기를 감싸고 있다. 열매를 맺으면 턱잎 위에 열매 얹힌 모습이 꼭 배꼽 같다 하여 며느리배꼽이라는 이름이 붙여졌다.

줄기에 밑을 향한 가시가 있어 다른 것에 걸고 자란다.

어린잎은 먹는데 새콤한 맛이 난다.

잡 초

김 종익

사람들아
잡초라고 함부로 짓밟지 마라
쇠뜨기 명아주 애기똥풀
개망초 며느리배꼽
식물도감에 버젓이 올라 있는
고향을 지키는 민초들이다
거친 산야 살찌게 하는
우리는 꽃이다
한 송이 꽃도 피우지 못하는
사람들이 잡초다

17 며느리밥풀

현삼과 한해살이풀이다. 꽃말은 '질투'이다.

북한에서는 꽃새애기풀이라고 한다.

산과 들의 양지바른 풀밭에서 자란다.

붉은 보라색의 꽃이 잎겨드랑이마다 두 송이씩 핀다.

아랫꽃잎 가운데에 밥풀 모양의 흰점이 두 개 있어 마치 입안에 밥알을 물고 있는 듯하다.

줄기는 모가 졌고 잎에는 짧은 털이 나있다.

시집살이가 심한 며느리가 밥이 잘 됐나 보려고 주걱에 조금 떠서 입 가까이 대는데 느닷없이 시어머니가 부엌으로 들어섰다.

깜짝 놀란 탓에 주걱에 붙은 밥알이 입 언저리에 묻게 되었다. 이를 본 시어머니가 그만 며느리를 때려죽이게 되고 말았다.

그 후 며느리를 묻은 자리에 돋아난 풀에서 꽃이 피었는데 이 꽃을 사람들은 며느리밥풀꽃이라고 불렀다.

정식 이름은 '꽃며느리밥풀'이다.

며느리밥풀꽃

이 향지

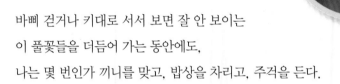

며느리밥풀꽃!
이 작은 꽃을 보기 위해서도, 나는 앉는다.

바삐 걷거나 키대로 서서 보면 잘 안 보이는
이 풀꽃들을 더듬어 가는 동안에도,
나는 몇 번인가 끼니를 맞고, 밥상을 차리고, 주걱을 든다.

나는, 이 보라 보라 웃고 있는 며느리밥풀꽃을 밥처럼 퍼담을 수가 없다.
이 꽃들의 연약한 실뿌리들은, 대대로 쌓여 결삭은 솔잎을 거름으로,
질기게도 땅을 붙들고 있기 때문이다.

갈맷빛 솔잎들이 걸러주는 반 그늘 속에서, 꽃빛 진한 며느리밥풀꽃이
꽃빛 진한 며느리밥풀꽃을 낳는다. 보라.
통설이 전설을 낳는다. 보라

며느리배꼽이나 며느리밑씻개 같은 마디풀과의 꽃들이
낮은 땅에서 창궐하는 동안에도,
며느리밥 풀꽃들은 작은 군락을 이루어 산등성이를 기어오른다. 보라.

이 긍지만 높은 작은 꽃의 밀실(密室)에 닿기 위하여,
벌은 제 무게로 허공을 파며,
더 자주 날개를 움직여야 한다.

보여도 보이지 않게, 스스로 크기와 색깔을 줄여온,
며느리밥풀꽃의 시간들이,
내 이마에 스치운다. 보라, 보라 보라 웃고 있는 며느리밥풀꽃

18 물레나물

물레나물과 여러해살이풀이다.

꽃잎이 바람개비처럼 옆으로 휘어진 것을 물레에 비유해 물레나물이 되었다.

산속 양지바른 풀숲에서 자란다.

바람개비 모양의 노란 꽃이 초여름부터 여름 내내 핀다.

줄기는 곧게 자라고 네모졌다.

마주 난 잎에서 꽃대가 올라와 세 송이씩 핀다.

한 번만 봐도 확실히 기억할 정도로 특이한 모양이다.

어린잎은 나물로 먹는다.

물레나물꽃잎 위에

김 내식

안개 자욱한 곰배령 오름길
물레나물꽃 이파리
소리 없이 돌리는 자 누구인가
아침에 뜨는 해가 돌리는가
서산 기우는 해가 돌리는가
벌 나비야 오든 말든
열흘쯤 스치는 바람결에
미련 없이 떨어지는
꽃잎 위에
나는 이 세상에서 바라는 게 무엇일까
빙글빙글 돌고 도는
방향을 따라
또 어디로 가고 있는가
둥글게 돌아가는 손짓으로
은밀히 제시한다 따라 오라고.

19 물봉선

봉선화과 한해살이풀이다. 꽃말은 '나를 건드리지 마세요.'이다.

봉선은 봉선화(鳳仙花)를 가리키는 것으로 〈군방보(群芳譜)〉(명나라 때 왕상진[王象晉]이 편찬한 책; 원제는 이여당군방보[二如堂群芳譜]; 갖가지 곡물, 화훼 등을 수록)에 의하면 이 식물의 모습이 ─ 머리와 날개, 꼬리와 발이 마치 우뚝 서 있는 봉황새의 형상과 같다 하여 유래했다.

물봉선은 물가에 피는 봉선화다.

물봉숭, 야봉선 등으로도 불린다. 북한에서는 물봉숭이라고 부른다.

산골짜기나 개울가에서 자란다.

꽃받침이 위에서 꽃을 매달고 있다. 깔때기 모양의 말린 끝부분에 꿀샘이 있다. 곤충이 꽃가루받이를 쉽게 하도록 하기 위해 아래쪽 꽃잎은 넓고 평평하다. 자주색 점이 꿀샘으로 안내한다.

작은 꼬투리의 열매 주머니는 작은 자극에도 터져 씨앗을 퍼뜨린다. '나를 건드리지 마세요.'란 꽃말이 이런 속성에서 나왔다.

유독 성분이 있다.

줄기는 해독 작용이 있어 종기치료, 뱀에 물렸을 때 쓴다.

뿌리는 강장 효과가 있고 멍든 피를 풀어주는데 쓴다.

습지나 도랑 옆에 관상용으로 심는다.

종류에는 노랑물봉선, 흰물봉선, 가야물봉선 등이 있다.

물봉선

권 오범

외로움이 터전인 심심산천
태어나자마자 최대한
아슬아슬하게 매달려야 하는 팔자기에
늘 허출한 깔때기가 되었다
꼬리마저 살짝 말아 내린 채
오매불망 미지의 사랑만 그리다 보니
홍 자줏빛으로 달아올라
열없이 건넌 성하의 강,
호시절 지나 처참하게 사그라진 꿈
가까스로 추슬러
부르르 떨리는 조막손만 남았는데
고추잠자리야 헤살부리지 마라
장맛비 유달리 지짐거려
외로움이 독이 되어 서린 몸
나를 건드리지 말아다오
당장이라도 폭발할 것만 같으니까

물봉선

흰 물봉선

노랑 물봉선

20 미치광이풀

가지과 여러해살이풀이다.

희귀식물이고 멸종위기 식물이다.

미친풀, 광대작약, 낭탕 등으로도 불린다. 북한에서는 독뿌리풀 이라고 한다.

전국 깊은 산 중턱의 약간 그늘지고 습한 곳에서 드물게 자란다.

4~5월에 붉은 자주색 종 모양 꽃이 잎겨드랑이에서 한 송이씩 아래를 보고 핀다.

이른 봄에 노란 싹으로 나왔다가 봄이 되면 초록으로 변한다.

이 풀에는 신경 흥분 성분이 있어 소가 먹으면 미쳐 날뛴다고 한다.

맹독성으로 많이 먹으면 죽음에 이를 수도 있다.

땅 속 줄기는 통증완화, 출혈억제, 종기치료 등에 쓴다.

미치광이풀꽃

김 내식

누가 나를 보고
미치광이 풀이라나
나는 그대들이 독을 알면 약이 보이는
독초이기에 맛은 비록 쓴 맛이나
입에 쓰니 약이지
달면 과자고
그래도 나는 이 숲 속에
고요히 앉아
새들이 유혹하는 환락의 노래
날마다 들려오지만

침묵에 쌓여
그대들 병을 치료하는
내공을 쌓았노라
나를 한꺼번에 욕심내어
탐하는 자는
미쳐 날뛸 것이요
욕심 없이 장복하는 자
말처럼 힘차게 달릴 것이다
그래도 내가 진정
미치광인가

• 뿌리 •

• 어린 새싹 •

• 꽃 •

21 배초향

꿀풀과 여러해살이풀이다.

방아, 방애잎, 방아풀, 중개풀, 깨나물, 야박하, 참죄기, 곽향, 토곽향, 어향, 인단초, 기묘향 등 — 다양한 이름으로 불린다.

산 아래부터 1천m높은 곳까지 잘 자란다.

늦여름부터 가을까지 원기둥 모양의 보라꽃이 핀다.

꽃잎보다 수술이 더 길게 나온다.

줄기는 곧게 서고 위쪽에서 가지를 치고 모가 졌다.

식물 전체에서 향기가 나며 방아잎으로 더 잘 알려져 있다.

매운탕이나 추어탕에 넣어 끓이거나 생선회와 같이 먹으면 비린내를 없애준다.

어린순은 데쳐서 물에 우려낸 뒤 나물로 먹는다. 독특한 향이 있다. 말려서 차로 먹기도 한다.

곽향이라 하여 소화, 건위, 지사, 진통 등에 효과가 있다.

감기, 어한, 두통, 복통, 설사, 소화불량 등에 처방한다.

옴이 오르거나 버짐이 피었을 때 배초향 달인 물로 치료한다.

입냄새 날 때 달인 물로 양치하면 효과가 있다.

장에 넣으면 벌레가 안 생긴다.

염료용 매염제(媒染劑: 물감과 섬유를 결합시키는 역할을 하는 화학제)로 쓴다. 관상용으로 인기가 좋다.

배초향(방아잎)

박 근모

그 향기 잊을 수 없다
방앗잎 부침개도 잊을 수 없다
외할머니 입술 같던
연보라빛 꽃송이
저리도 잊을 수 없다

무서리 내릴 때까지
흔들리던 꽃잎을 잊을 수 없다
다시 그 향기를 잊을 수 없다
베사메무초
베사메무초
꽃잎마다 노래 부르던 모습 같던
네 얼굴 얼굴을
결코 잊을 수 없다

어느 날
광목천에 어린 날을 물들였다
연두빛 그리움으로
올올이 베어든
그 빛깔을 차마 지울 수 없다

배초향
너를 끝끝내 버릴 수가 없다

•하늘소•

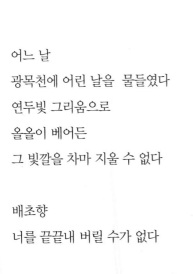

22 (벌)개미취

국화과 여러해살이풀이다.

한국특산종으로 꽃말은 '청초'이다.

벌판에서 자생하는 개미취라서 벌개미취로도 불린다.

꽃과 꽃대에 개미가 붙어 있는 것처럼 작은 털이 난 것을 보고 개미취라는 이름이 붙여졌다.

별개미취, 고려쑥부쟁이 등으로도 불린다. 영어로는 'Korean Daisy'라고 한다.

중부이남지역에 주로 분포하고 햇볕이 잘 들고 습기가 많은 계곡에서 잘 자란다. 이른 여름부터 가을까지 오래 꽃을 피운다.

한 송이처럼 보이는 꽃 속에 수많은 통꽃과 허꽃이 있는 모습이 바로 국화과 식물의 특징이다.

벌개미취는 꽃이 커서 보기에 좋다. 추위에도 강해 군락을 이룬 채 잘 자란다. 겨울에도 근생엽이 남아있어 맨땅이 아닌 푸른 모습을 볼 수 있다. 사방공사용으로 심으면 빗물 침투를 막아 산사태도 막아준다.

한국특산종으로 길가에 장식한 선두주자 중 하나다.

여름 · 가을에 전국 어디서나 흔하게 마주칠 수 있는 풀이다.

어린순은 제철에 나물로 먹기도 하고, 묵나물(제철에 뜯어서 말려 두었다가 이듬해 봄에 먹는 나물)로 먹기도 한다.

뿌리는 기침이나 천식, 소변이 잘 안 나올 때 처방한다.

벌개미취

김 길자

하늘연달에 마주치는 들국화보다
여름을 머리에 이고
가을을 제일 먼저 알리는 나는
순수한 혈통입니다

매미도 6,7년 동안 준비한 노래
여름의 몇 낮밤을 원 없이 들으며
잠자리 푸른 눈망울에
가을향기 모으는 중이지요

각박한 세상
별이 박힌 듯 옹기종기피기에
'별개미취'라 부르는데
제 이름은 벌개미취입니다

화사하진 않지만
뿌리 끝에서 힘껏 밀어 올리는 몸부림으로
뙤약볕일지라도 마지막 순간까지
흐트러짐 없이 피었다 가지요

• 개미취 •

• 벌개미취 •

23 복수초

미나리아재비과 여러해살이풀이다. 꽃말은 '봄의 미소, 영원한 행복'이다.

땅꽃, 눈색이꽃, 얼음새꽃 등으로도 불린다. 눈 속에 피는 연꽃이라는 뜻으로 설련화라고도 한다. 북한에서는 복풀이라고 한다. 일본에서는 새해를 시작할 때 피는 꽃이라 하여 원단화로 불린다.

산기슭 나무숲에서 자라고 아주 이른 봄에 꽃을 피운다.

높은 산에서 자라는 것은 1~2월에 꽃이 핀다. 꽃이 핀 후에 눈이 내리기도 하는 탓에 눈 속에서 꽃을 피운 것처럼 보이기도 한다.

황금색 노란 꽃이 낮에만 피고 저녁엔 닫힌다.

흐린 날엔 펼치지 않는다.

노란 꽃잎 속에 진노랑 수술이 모여 있다. 수술 속 돌기가 난 동그란 연두빛이 암술이다.

봄의 전령사로 가장 먼저 꽃 소식을 전하는 식물 중 하나로 통한다.

일본에서는 새해에 행복과 장수를 기원하는 선물로 쓴다.

행복과 장수, 부와 영광을 상징한다.

아도닌이라는 강심제의 원료가 들어있다. 이뇨효과도 있어 뿌리를 약으로 쓴다.

복수초라는 이름처럼 독이 있어 조심해야 한다.

복수초

강 미

인고의
세월로 쌓인 낙엽은
참나무 그늘 아래에서

겨우내
내린 눈에 묻혀
서걱거리며 밟히는데

오래전
바람결에 떠나보내고
가슴에 묻었던 내사랑은

추억어린
진노랑빛 옷을 입고
얼음새꽃으로 되살아난

24 뻐꾹나리

백합과 여러해살이풀이다.

희귀식물로 한국특산종이다.

숲속이나 숲가장자리의 햇빛이 잘 드는 곳에 드문드문 자란다.

유백색 꽃잎에 자줏빛 얼룩과 털이 나있다. 꽃잎은 젖혀지는데 암술과 수술이 나온 모습

이 마치 꼴뚜기처럼 보이기도 한다.

5~15cm의 조금 큰 잎이 잎자루 없이 줄기를 감싼다.

땅 속 줄기가 옆으로 기면서 마디에서 싹이 돋는다.

뻐꾹나리

박 근모

고향 뒷동산에는 꽃 속에서도 뻐꾸기가 살았다.
꼴뚜기를 닮았다고 꼴뚜기꽃 이라고 불렸던
그 꽃 속에서 꼭꼭 숨어 살았다
워꾹 워꾹
꽃이 울었다
아니 꽃이 웃었다
뻐꾸기가 우는 건지 웃는 건지
아무도 모르는데
그 모습을 보려고
계절의 아침마다
얼굴들을 말끔히 씻었다

서울 가서 출세한 뒷집 석이는
따져보면 그 얼굴이 꼴뚜기를 닮았다
자기가 뻐꾹나리 아니겠냐고 마구 웃겼다
여자애들은 그런 석이의 능청에

마음을 주었다가
정작 시집 갈 나이가 차오르면
서둘러 윗마을이나 아랫마을의
응석받이들에게 시집을 가버렸다

뻐꾹나리 속에는 뻐꾸기가 살았고
석이의 얼굴도 숨어 살았다

25 산국

국화과 여러해살이풀이다.

산에 피는 국화라 하여 산국으로 불린다.

개국화, 들국화, 야국, 황국, 야산국, 야국화 등으로도 부른다.

산기슭 양지 바른 곳에서 자라며 곧게 선 줄기는 위쪽에서 가지를 많이 친다. 짧고 흰 털이 많이 나있다.

가을에 노란 작은 꽃이 많이 핀다. 향기가 진해 차와 술로 담근다. 국화차는 예로부터 불로장수한다고 알려졌다.

눈을 밝게 하고 머리를 맑게 한다.

어린순은 나물로 먹고 꽃은 따서 말려 약으로도 쓴다.

머리가 아프거나 어지러울 때, 열을 내리거나 독을 제거할 때 효과가 있다. 눈물이 날 때도 쓴다. 오래 복용하면 몸을 가볍게 하고 쉬 늙지 않게 하며, 위장을 편안하게 하고 오장을 도와 사지를 고르게 한다고 알려져 있다.

국화주는 고혈압, 풍 등에 약으로 쓴다.

꽃을 베개 속에 넣으면 머리가 맑아져 숙면을 취할 수 있다.

산국은 쑥부쟁이나 구절초보다 늦게 피며 서리가 내려도 피어 있기도 한다.

감국은 산국보다 꽃이 크고 성기게 나며 잎이 반짝인다. 뒷맛이 달다.

산국화가 피었다는 편지

임 태주

가을해가 풀썩 떨어집니다.
꽃살 무늬 방문이 해 그림자에 감힙니다.
몇 줄 편지를 쓰다 지우고 여자는
돌아앉아 다시 뜨개질을 합니다
담장 기와 위에 핀 바위솔꽃이
설핏설핏 여자의 눈을 밟고 지나갑니다
뒤란의 머위잎 몇 장을 오래 앉아 뜯습니다.
희미한 초생달이 돋습니다.
봉숭아 꽃물이 남아있는 손톱끝에서
詩는 사랑하는 일보다 더 외로운 일이라는데…
억새를 흔들고 바람이 지나갑니다.
여자는 잔별들 사이로 등을 꽂습니다.
가지런히 빗질을 하고
일생의 거울 속에서 여자는
그림자로 남아
산국화가 피었다는 편지를 씁니다.
산국화가 피었다는 편지를 지웁니다.

•옥색 긴꼬리 산누에나방 짝짓기•

26 산괴불주머니

현호색과 두해살이풀이다. 꽃말은 '보물주머니, 비밀'이다.

연노랑 꽃은 괴불을 닮았다. 괴불주머니는 어린아이가 주머니 끈 끝에 차는 세모꼴의 조그만 노리개로 — 색 헝겊을 귀나게 접어서 그 속에 솜을 통통하게 넣고 수를 놓아 색 끈을 단다.

산해주머니라도도 한다. 북한에서는 산뿔꽃으로 부른다.

산속 양지바른 곳에 봄부터 초여름까지 노란 꽃이 가지 끝에 줄줄이 붙어 핀다.

식물 전체나 뿌리를 염증, 진통 등에 약으로 쓴다.

눈괴불주머니는 산골짜기나 습한 곳에서 자라는데 여름부터 가을 사이에 꽃이 가지 끝에 듬성듬성 핀다.

산괴불 주머니

박 근모

아씨는 오색의 예쁜 괴불주머니를 차고 다니셨지
마당에는 온갖 꽃들이 무지개를 보여주었지
마당 한켠에는 오래된 우물이 있었고
아씨는 날마다 여기에서 꽃들의 눈물을 함께 흘렸지

서방님이 먼 나라로 떠나셨지
영원히 돌아올 수 없는 곳이라고
사람들이 슬프게 속삭였으나
아씨는 오색 괴불주머니를 만지면서
서방님의 발자국 소리를 듣고 있었네

산괴불 주머니
여기저기 보이던 어느 날
갈참나무 그늘 곁에
서방님이 보였네
서방님이 꺾어 든 산괴불 주머니
사랑이 노랗게 피어난
영원한 꽃
산괴불 주머니

참나무 산누에나방

27 삽주

국화과 여러해살이풀이다.

창출, 천생출, 동출, 신출, 선출, 산연, 천정, 산강, 산정, 생백출, 창두채 등으로도 불린다.

양지바르고 메마른 땅에서 자란다.

여름부터 가을까지 흰 꽃이 줄기 끝에 모여 핀다.

잎은 어긋나고 만지면 까끌까끌하다. 아래쪽에 난 잎은 깃꼴로 갈라져 3~5장이 된다.

뿌리줄기는 굵고 향기가 있다.

봄에 어린 순을 데쳐 쓴맛을 우려낸 뒤 나물로 먹거나 묵나물(제철에 뜯어서 말려 두었다가 이듬해 봄에 먹는 나물)로 먹는다. 비타민A가 풍부하다.

뿌리를 달인 물로 만든 식혜는 향긋하면서도 달콤쌉싸름하다.

뿌리줄기는 신장을 따듯하게 하고 피로, 갈증을 없애 준다. 땀과 소변을 잘 나오게 하며 몸 속의 독과 통증을 없애는 효능이 있다.

묵은 뿌리는 창출이라고 하는데 습한 기운을 말려 주어 비만에 좋다. 껍질을 벗긴 것은 백출이라고 하는데 특히 비장과 위를 튼튼하게 한다.

종류에는 참삽주, 가는잎 삽주 등이 있다.

삽주꽃

작은초가

위를 보호하는 여러해살이풀
발한 작용이 있어 감초처럼
모든 약에 함께 처방하는
흰색의 작은 꽃이 피는
삽주 줄기 뿌리가 창출이며

뿌리의 껍질을 벗겨서
말린 것을 백출이라 하는 약초
괴롭히던 불면증과 위장병으로
바람만 불어도 넘어질 몸매
병원을 내 집같이 드나들 때

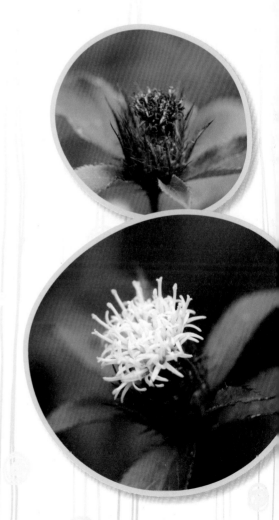

술을 담가주시던 창출처럼
임은 나에게 행복에 이르는
귀중한 열쇠를 선물로 주었으니
건강하게 소년 시절을 보냈다면
얼마나 삶이 무의미했을까

홀로 보내는 연휴가 끝나던 설날
머리 위에는 찬란한 밤하늘 별빛
아무리 고되다 하더라도
生命의 詩를 새기며 샘물처럼
마르지 않는 행복을 지켜봅니다.

28 쇠뜨기

속새과 여러해살이풀이다.

접속초, 뱀밥, 토필, 필두채, 공방초, 마초, 토마황 등으로도 불린다. 영어로는 'horse tail'
(말꼬리)이다.

양지바른 풀밭, 들 논둑, 숲가장자리 양지바른 곳에 흔하게 있다.

뱀의 머리를 닮아서 뱀밥이라고도 하고, 뱀이 있는 곳에 있다고 하여 뱀밥이라고도 한다.

생식줄기(생식경)가 올라온 뒤 뱀밥 끝의 홀씨주머니에서 포자가 터지고 나면 사라진다.

그런 뒤에 솔잎처럼 생긴 영양줄기(영양경)가 나온다. 영양줄기(영양경)는 줄기만 있는 것
처럼 보이지만 마디에 작은 잎사귀가 난다. 잘 끊어지는 줄기는 잎 사이에 다시 끼울 수도
있기에 놀이에 자주 활용되기도 한다.

소가 잘 먹기에 쇠뜨기라고 하지만 많이 먹으면 설사한다.

뱀 머리를 닮은 포자수 부분은 이뇨, 혈압강하, 지혈, 심장수축력 증가 등에 효과가 있다.

뼈의 성장을 돕고 상처를 아물게 한다.

면역기능을 활성화시키기도 한다.

쇠뜨기는 박과 식물과 같이 먹어야 한다.

잘 못 먹거나 과용하면 독약이 된다.

샴푸, 린스, 화장품 등의 원료로 쓴다.

쇠뜨기풀

박 근모

할아버지 무덤에는 쇠드기풀이 많다
할아버지는 술을 좋아했다
살아생전 쇠뜨기풀을 낫으로 엄청 벴다

쇠뜨기풀은 할아버지의 죽음까지도
따라와서 낫을 대신 거둬서

자신의 줄기를 자르나 보다

·생식경·

할아버지는 소를 여러 마리 키웠다
쇠뜨기풀이 몰래 소들의 입속으로
들어간다는 것을 쇠뜨기는
알지 못했다.

소가 무척 좋아하는 쇠뜨기풀은
할아버지 무덤곁에서
일어서고 쓰러졌다

·영양경·

소들도 기운을 잃은 어느 날
할아버지처럼 쓰러져 일어나지 못했다

29 솜나물

국화과 여러해살이풀이다.

잎자루와 잎 뒷면에 흰 털이 무성하게 덮여 있어 솜처럼 보인다.

까치취, 부싯깃나물 등으로도 불린다. 낮은 산 양지바른 땅에서 자란다.

봄에 연붉은 빛이 도는 흰 꽃이 꽃대 끝에 한 송이씩 핀다.

줄기는 곧게 자라고 흰 털로 덮여 있는데 꽃이 핀 뒤에 길게 자란다.

뿌리 잎은 길이 5~16cm 너비 1.3~4.5cm인데 모여 나고 잎자루가 길다.

가을에 나는 솜나물은 잎이 크고 60cm까지 자란다.

가장자리는 무잎처럼 갈라지는데 가시 같은 돌기가 있다.

어린순은 나물로 먹는다.

아름다운 풀꽃이여-솜나물

김 종태

목만큼 긴 자루의
거울을 들고
요리조리 뜯어봐야
나무랄 데 없다

순백으로 가꾼 마음
하늘에나 드릴까
피보다 진한 정열
흰색 뒤에 숨었는데

기다리는 사람은
거들떠도 아니보고
무에 먹을게 있다고
나물꾼만 반기네

보송보송 솜털은
이불 한 채감은 되고
갈잎 솔잎 그도 벅차면
돌무더기 틈도 마다 않는데

아직도 세상은 이른가
햇빛 아래 춤추고
살아있음을 노래하며 어우러질 그 날
외로와서 괴로웁고
어려워서 서러웁네…

•좀 깽깽매미 •

30 쑥부쟁이

국화과 여러해살이풀이다.

쑥 캐러 다니는 불쟁이(대장장이)네 딸 이야기에서 이름이 붙여졌다.

산백국, 계아장, 마란, 자채, 계장초, 권영초, 소설화, 야백국 등으로도 불린다. 들국화라고도 한다. '들국화'란 꽃은 없고 들에 피는 국화과 식물(쑥부쟁이, 구절초, 산국, 감국, 개미취 등)을 통칭하여 들국화라 한다.

가지 끝에 하나씩 피어있는 불그스름한 꽃은 연약하고 가냘파 보인다.

먼 옛날, 쑥을 캐러 산으로 다니던 불쟁이(대장장이)네 큰 딸은 산에서 만나 도움을 받은 한 사냥꾼을 그리워하게 되었다. 하나, 그가 결혼한 사람이라는 사실을 알고 이루지 못할 사랑임을 깨닫게 되었다. 짝사랑에 가슴만 태우던 그녀는 어느 날 벼랑에서 떨어져 죽고 말았다. 그 후 그녀가 떨어져 죽은 그 자리에 이름 모를 꽃들이 무리지어 피어났다. 이를 본 사람들은 쑥 캐러 다니던 불쟁이(대장장이)네 큰 딸을 기려 그 이름 모를 꽃에 쑥부쟁이라는 이름을 붙여 주었다.

잎은 긴 타원형인데 가장 자리에 굵은 톱니와 털이 있어 까끌까끌하다.

어린 순은 나물로 먹는다. 뿌리째 열이 나거나 목이 부었을 때 약재로 쓴다. 기관지염, 유방염 등에도 효능이 있다.

뱀에 물릴 경우 즙을 내서 물린 자리를 해독시킨다.

종류에는 눈개쑥부쟁이, 개쑥부쟁이, 섬쑥부쟁이, 가새쑥부쟁이, 갯쑥부쟁이, 까실쑥부쟁이, 가는쑥부쟁이 등이 있다.

쑥부쟁이 사랑

정 일근

사랑하면 보인다 다 보인다
가을 들어 쑥부쟁이 꽃과 처음
인사했을 때
드문드문 보이던 보라색 꽃들이
가을 내내 반가운 눈길 맞추다 보니
은현리 들길 산길에도 쑥부쟁이가
지천이다
이름 몰랐을 때 보이지도 않던
쑥부쟁이 꽃이
발길 옮길 때마다 눈 속으로 찾아와
인사를 한다
이름 알면 보이고 이름 부르다
보면 사랑하느니
사랑하는 눈길 감추지 않고
바라보면 모든 꽃송이
꽃잎 낱낱 셀 수 있을 것처럼
뜨겁게 선명해진다
어디에 꼭꼭 숨어 피어 있어도
너를 찾아가지 못하랴
사랑하면 보인다, 숨어 있어도 보인다

31 애기똥풀

양귀비과 두해살이풀이다. 꽃말은 '엄마의 사랑과 정성'이다.

유액(乳液: 유세포와 유관 내에 들어 있는 식물체의 유액)이 애기 똥과 비슷해서 애기똥풀, 젖풀, 까치다리, 씨아똥, 양귀비 등으로도 불린다.

들이나 숲가장자리, 마을 주변 등에서 봄부터 여름까지 노란 꽃을 피운다.

얇은 4장의 꽃잎은 마치 구겨진 것처럼 주름이 져있어 올록볼록하다.

꽃이 피는 시기가 길어 꽃봉오리, 꽃, 열매를 한꺼번에 볼 수 있다.

진노란 유액은 옷에 묻으면 쉽게 물이 들어 잘 안 지워진다. 아이들 손톱에 발라주면 마치 매니큐어를 바른 듯해 아주 좋아 한다.

체험 활동에 자주 활용되는 들꽃이다.

유액은 약간 구린내 같은 냄새가 나고 살균작용이 있어 모기 물렸을 때 바르면 가려움증이 가신다. 뱀이나 벌레에 물렸을 때도 바르면 해독된다.

씨앗은 멀리 퍼뜨리기 위해 개미를 이용한다. 씨앗에 개미가 좋아하는 기름주머니가 붙어 있어 개미들이 잘 이동시켜준다.

독성을 이용해 기침, 진통, 진해, 이뇨, 무좀 등에 처방한다.

노란 애기똥풀

이 생진

풀숲에 노란 꽃
그것들은 노란 모자 쓴
유치원 아기들 같다
노란 꽃, 저들은 무엇을 듣고 있을까
나는 사십 년 전 일을 생각하고 있는데
저들은 올봄에 태어났으니
그만한 과거가 없어서인가
바람에 머리를 흔든다
어린애처럼 예쁘다
나도 흙 속에 발을 묻고 싶다
그러면 가는 뿌리가 나겠지
머리 위에 노란 꽃이 피고
노란 꽃들이 나를 보고
아는 척했으면 좋겠다

우는 꽃이 보고 싶다
정말 우는 꽃을 보면 어떻게 달래지
나도 우는 수 밖에 없지
함께 울있으면 좋겠나

붉은산 꽃하늘소

줄기를 따면 노란 눈물이 난다
입술에 대면 쓰다
애기똥풀이 말하는 것 같다

그 애는 혼자 놀고 있었다
내가 보기엔 쓸쓸해 보였지만
애기똥풀 그 노란 꽃하고 놀고 있었다.
그 애는 어려서부터 꽃하고 놀길 좋아했으니
성공한 셈이다.

32 얼레지

백합과 여러해살이풀이다. 꽃말은 '질투, 바람난 여인'
이다.

잎에 어루러기(피부병의 하나; 처음에는 둥근 모양의 작은 점에서 시작하여 점점 번지면서 누른 갈색이나 검은색으로 변화) 같은 핏빛 무늬가 있는 탓에 얼레지라고 한다.

전국의 높은 산, 깊은 산에서 자란다. 가제무릇, 며느리취, 얼러주, 얼레기 등으로도 불린다.

붉은 보라색의 꽃이 꽃대 끝에서 꽃잎 6장을 뒤로 완전히 젖힌 채 아래를 보고 핀다. 이런 특이한 꽃모양 때문에 '바람난 여인'이란 꽃말이 생겼다.

꽃잎에 '질투'를 상징하는 톱니무늬가 있어 영어로는 'Dog-tooth Violet'이다

늦봄에 씨를 맺고 나면 잎과 꽃대가 다 말라 죽는다.

비늘줄기에 싸인 채 땅 속 깊이 박힌 알뿌리는 해가 갈수록 점점 더 깊이 파고 들어간다.

꽃씨를 뿌리고 몇 해가 지나야 꽃이 핀다.

잎은 나물로 먹는다. 묵나물(제철에 뜯어서 말려 두었다가 이듬해 봄에 먹는 나물)은 미역국 맛이나 미역취라고도 부른다.

뿌리에 녹말성분이 많은 탓에 예전에는 구황(救荒) 식물(흉년이 들어 양식이 부족할 때, 굶주림에서 벗어나기 위해 곡식 대신에 먹을 수 있는 야생 식물)이었다.

약간 독이 있기에 많이 먹으면 설사할 수 있다.

비늘줄기는 진토(구토 멈춤), 건위(위를 튼튼히 함), 지사(설사 멈춤) 등에 효과가 있다.

얼레지

청림

코딱지만한 떡잎 한 장 내밀더니
다음엔 조금 큰 잎 펼쳐 들고
내년에 힘을 더 내면 되겠지
그렇게 몇 개의 산을 넘어
꽃 한송이 올려 놓는데 육년 걸렸다

오, 발 끝에 닿는 세상의 무게
한뼘 높이가 버거워 고개를 들수 없다
흙 한 줌의 세간도 부끄럽기만 한데
바람은 이리도 앞에서만 불어오는가
눈 뜨고도 볼 수 없는 이마에 걸린 하늘

33 엉겅퀴

국화과 여러해살이풀이다.

꽃말은 '고독한 사랑, 나라를 구한 꽃'이다.

출혈을 멈추게 하기에 '엉기다'는 뜻에서 엉겅퀴라는 이름이 붙었다.

항가시, 항가새, 가시나물, 야홍화, 마자초 등으로도 불린다.

전국의 낮은 산이나 들에서 자란다.

잎끝과 가장자리의 톱니가 가시로 변했다. 줄기는 털로 덮여있다. 총포는 끈끈한 점액이 묻어있다. 땅 속 깊이 원뿌리를 내려 가뭄에도 강하고 공해에도 강하다.

여름 내내 피는 자주보라색 꽃은 실처럼 가는 꽃잎들이 모여 있다.

작은 꽃들이 모여 꽃을 피우는 것은 꽃가루를 많이 보내기 위한 전략이다. 평소에는 꽃가루를 감추고 있다가 사람이나 곤충이 건드리면 하얀 꽃가루를 밖으로 내보낸다.

스코틀랜드에서는 바이킹으로부터 나라를 구한 나라꽃으로 통한다. 프랑스에서는 전쟁 때 역병이 돌자 엉겅퀴를 먹고 병이 나았다 하여 귀하게 여긴다.

어린 순은 나물로 먹고 줄기는 장아찌로 먹는다.

비타민과 단백질이 풍부하다.

씨앗은 차로 먹는다.

전체를 관절염, 장염, 신경통, 종기 치료 등에 쓴다.

어혈을 삭히며 염증을 가라앉히고 피를 맑게 한다.

종류에는 가시엉겅퀴, 큰엉겅퀴, 곤드레나물인 고려엉겅퀴 등이 있다.

지느러미 엉겅퀴는 귀화식물이다.

엉겅퀴 꽃씨

도 종환

•큰 엉겅퀴•

엉겅퀴 꽃씨가 바람에 흩어집니다
또 다시 여름이 왔습니다
뜨겁게 살라고 약속하기 전에
버릴 것은 모두 버리고
꽃씨 하나로도 더욱 단단한
젊은 그들의 자세는 얼마나 넉넉합니까
쌓아둔 것이 많아서 더욱 불편한 삶
누리고픈 것이 많아서 더욱 괴로운 사람
그것 말고도 우리에겐 버릴 것이 얼마나 많습니까
아름다운 꽃들이 모두 피었다 지고 난 계절의 끝에
보아주는 이 없는 곳에서도 저 혼자 떳떳하게 피었다
그것 마저도 홀연히 버리고
이제 맑은 풀씨 하나로 서서
홀가분하게 가슴을 흔드는 마음은 얼마나 가쁜합니까
이제 이 들의 어디라도 갈 수 있지 않습니까
이 땅의 어느 곳으로도 달려가 뿌리를 내릴 수 있지 않습니까
엉겅퀴 꽃씨가 바람에 날립니다
또 다시 여름이 깊어집니다

•고려 엉겅퀴•

34 용담

용담과 여러해살이풀이다.

용의 쓸개라는 뜻을 지니고 있다. 뿌리의 쓴맛이 웅담보다 더 쓰다 하여 용담이 되었다.

섬용담, 과남풀, 선용담, 북한에서는 초룡담 등으로도 불린다.

중국이나 일본에서도 용담으로 불린다.

양지바른 산기슭에서 자란다.

늦여름부터 꽃이 피기 시작해 가을 내내 피는데 11월까지 피기도 한다.

줄기와 잎 사이에 보라색 종모양의 꽃송이들이 모여 핀다.

아침에 피고 저녁에 오므린다. 한 송이 꽃이 20일 이상 핀다.

버들잎 모양의 잎이 잎자루 없이 마주난다.

줄기는 곧게 자라고 세로로 가는 줄이 4개 있다.

뿌리는 굵고 하얀 수염뿌리가 다발로 달려있다.

간 기능 보호, 담즙분비 촉진, 혈압 강화, 이뇨, 진정, 항염 등에 효과가 있다.

두통, 눈 충혈, 황달, 담낭염 등에도 쓰인다.

특히 급성결막염에 효과가 있다.

어린 싹은 쓴맛을 우려낸 뒤 나물로 먹는다.

뿌리나 잎으로 담근 술은 성인병에 효능이 있다.

관상용으로 인기가 좋다. 꽃도 예쁘고 개화기간도 아주 길다.

종류에는 큰용담, 산용담, 칼잎용담, 비로용담 등이 있다.

용 담

송 수권

고뇌의 종 소리 울린다

이미 쓴 맛을 품었기에
노을빛 점점이 묻어
시퍼런 비늘이 돋아나고
이제 자유로운 몸짓
하늘 위로 날개를 친다

35 우산나물

국화과 여러해살이풀이다.

우산처럼 생겼다.

잎이 나올 때는 접혀 나오고 솜털이 나있다. 다 올라오면 우산처럼 활짝 핀다. 지름이 35~40cm인 7~9개로 깊이 갈라지고 갈라진 잎은 다시 두 개로 갈라진다.

중국, 일본에서는 '찢어진 우산'이라 한다.

분홍색이나 흰색 꽃이 6~9월에 줄기 끝에 모여 핀다.

연한 새순은 독특한 향이 나고 비타민 미네랄이 풍부하다.

묵나물(제철에 뜯어서 말려 두었다가 이듬해 봄에 먹는 나물)로도 먹는다.

줄기와 뿌리는 '토끼의 우산'이라는 뜻으로 대토아산이라고 부른다. 피의 흐름을 활성화 시키고 풍과 습한 기운을 없애며 몸 속의 독을 풀어주고 통증을 없애 준다.

팔다리가 쑤시고 아플 때나 생리통 등에 쓴다.

어릴 때의 모습이 삿갓나물과 비슷해서 구별하기가 쉽지 않다.

꽃대가 잎줄기 옆에서 나오는 것은 우산나물, 꽃대가 잎 가운데서 위로 나오는 것은 삿갓 나물로 보면 된다.

삿갓나물은 독초이므로 함부로 먹어서는 안 된다.

우산나물

박 근모

세월의 잔뼈들이 부서지고 맞춰지는
소리가 들릴때면
내게 우산을 받쳐주던 그 손길이
생각납니다

얼굴도 모른채 빗방울이
어깨를 적시던 슬픔
목젓까지 차올라
세상의 눈빛들이 싫어지던 계절
조용히 우산을 씌어 주던
신의 손길 같은 추억을 생각합니다

가을로 접어드는 산길에 나홀로
우산도 없이 우산나물 보러갑니다
빗방울은 옛날처럼 어깨를 적시고

나는 신의 눈동자를 지니고 있을
그 사람이 그리워
계절보다 먼저 우산나물을
젖은 머리위에 놓아봅니다

36 은방울꽃

백합과 여러해살이풀이다. 꽃말은 '행복, 기쁜 소식'이

다. 꽃이 은방울 같이 생겨서 은방울꽃이라 부른다.

향수란, 영란, 초옥란, 오월화, 초롱꽃 등으로도 불린다.

숲속 양지바른 곳에서 드물게 보인다.

종모양의 흰 꽃이 줄기 끝에 조롱조롱 달려 아래를 보고 핀다.

꽃 끝이 6개로 갈라져 밖으로 살짝 말려있다.

향기가 좋아 향수의 재료로 쓰이기에 향수초로도 불린다.

유럽에서는 은방울꽃으로 만든 꽃다발이 행운을 가져다준다고 믿는다.

땅 속 줄기로 퍼져 나가며 여러 포기가 군락을 이룬다.

열매도 둥근 구슬이 빨갛게 익은 모습이라 예쁘다.

어린잎과 꽃에는 독이 있어 먹으면 안 된다.

열매는 강심제, 이뇨제, 혈액순환 촉진제 등으로 쓴다.

씨앗을 뿌리고 개화하기까지 5년 이상이 걸린다.

포기 나누기를 하면 잘 퍼진다.

은방울꽃

김 윤현

처음 만났을 때 당신은
내게 은방울꽃으로 다가 왔지요
내가 땅 속에서 뿌리로 당신을 찾으면
당신은 땅 위에서 잎으로 고개를 끄덕이고
당신이 잎을 점점 키우며 나를 돌아보면
나는 꽃을 피우려 더 깊이 뿌리를
당신에게 내렸지
언젠가 당신은 내게 말했지요
우리 두 팔을 뻗으면 닿을 만큼
정원을 만들어
그냥 바라만 보고 있어도

하얀 은방울이 딸랑딸랑 소리 나는

사랑을 심어보자고

은방울꽃이 피면

우리는 멀리 있어도 곁에 있는 듯하고

곁에 있어 말하지 않아도 사랑은

저절로 피어나는

은방울꽃이 되자고

사랑은 함께 할 때 아름답다고

우리 언젠가 다시 만난다 해도 서로에게

우윳빛 사랑을 종종 달고 사는

은방울꽃이 되자고

37 장구채

석죽과 두해살이풀이다. 볼록한 타원형인 꽃은 장구
채를 닮았다.

산속 양지바른 곳이나 풀밭에서 자란다.

7월에 흰 꽃이 잎겨드랑이나 가지 끝에 층층이 달린다.

꽃잎은 다섯 장이고 끝이 두 갈래로 갈라진다.

줄기는 곧게 서고 마디는 자줏빛이 돈다.

잎은 마주 나고 버들잎 모양이며 양면과 가장자리에 털이 조금 나있다.

씨는 지혈, 진통 등에 쓴다.

혈액순환을 촉진하고 월경을 조절하며 비장을 튼튼하게 한다.

젖을 잘 나오게 한다.

부스럼에도 효험이 있다.

종류에는 애기장구채, 분홍장구채, 갯장구채, 가는장구채, 털장구채 등이 있다.

장구채

박 근모

너를 보니
멀리서 조금씩 가까이 다가오는 소리
기적 같은 그 소리가 들려오는 구나
아니
강물소리였을까
바람소리였을까

어깨를 들썩들썩하였으나
신명보다 우리들은 언제나 서글픔이 감돌았지
어려운 시절을 견뎌낸 사람들은
미미한 장구소리에도 눈물이 나고

동네사람들이 모두 몰려와
네 모습 보려고 앞을 다투었는데
너는 7월에 와서 9월에 말없이 떠나는 구나

장구소리를 한 번만 더 듣게 해 다오
아니
강물소리였을까
바람소리였을까

38 제비꽃

제비꽃과 여러해살이풀이다. 제비꽃의 꽃말은 '겸양'이다. 흰제비꽃의 꽃말은 '티 없는 소박함'이다. 노랑제비꽃의 꽃말은 '농촌의 행복'이다. 제비가 날아올 때 꽃이 피기에 제비꽃이라는 이름이 붙여졌다.

꽃의 밑 부분이 부리처럼 길게 튀어나와 오랑캐의 머리모양 같다 하여 ― 오랑캐꽃, 병아리꽃, 앉은뱅이꽃, 반지꽃, 외나물 등으로도 부른다. 산과 들, 집주변 어디서나 잘 자란다. 꽃은 등을 긁을 때 쓰는 여의(如意)를 닮았다. 그래서 등글개만 있으면 맘대로 가려운 등을 긁을 수 있다는 뜻에서 제비꽃에는 '만사가 생각대로 된다.'는 상징적 의미가 덧붙여지게 되었다. 예전부터 동양화의 소재로 자주 쓰인 까닭이기도 하다. 모든 일이 뜻대로 이루어지라는 축원으로 그림의 소재가 된 것이다.

그리스의 나라꽃이다. 제우스는 아름다운 소녀 이아를 사랑했다. 그러자 헤라가 질투가 나서 이아를 소로 만들었다. 그 뒤 헤라는 이아가 불쌍했는지 소가 먹을 풀을 만들어 주었는데 그것이 바로 제비꽃이다.

제비꽃은 꿀샘이 아주 깊다. 꿀샘을 걸어 꽃씨름 놀이를 한다. 그래서 씨름꽃, 장수꽃 등으로도 부른다. 향이 좋아 향수 재료로 쓴다. 남산제비꽃이 특히 향이 좋다.

씨앗주머니는 씨앗을 튕겨 멀리 보내는데 씨앗에는 개미가 좋아하는 기름주머니가 붙어 있다. 제비꽃은 곤충이 적어지거나 키가 작아 눈에 띄지 않을 때는 폐쇄화를 피워 자가 수정을 해 번식한다.

어린잎은 나물로 먹거나 국을 끓여 먹는다. 꽃으로 차를 만든다. 전체를 달여 종기, 가래, 부인병, 동경(생리동) 등에 쓴다. 뿌리와 꽃은 피를 맑게 하고 무스럼, 생인손 등을 치료한다.

제비꽃에 대하여

안 도현

제비꽃을 알아도 봄은 오고
제비꽃을 몰라도 봄은 간다

제비꽃에 대해 알기 위해서
따로 책을 뒤적여 공부할 필요는 없지

연인과 들길을 걸을 때 잊지 않는다면
발견할 수 있을거야

그래, 허리를 낮출줄 아는 사람에게는
보이는거야 자줏빛이지

자줏빛을 톡 한번 건드려봐
흔들리지? 그건 관심이 있다는 뜻이야

사랑이란 그런거야
사랑이란 그런거야

봄은,
제비꽃을 모르는 사람을 기억하지 않지만

제비꽃을 아는 사람 앞으로는
그냥 가는 법이 없단다

그 사람 앞에는
제비꽃 한 포기를 피워두고 가거든

참 이상하지?
해마다 잊지않고 피워두고 가거든

39 절굿대

국화과 한해살이풀이다.

북한에서는 절구대라고 한다. 개수리취, 두로 등으로도 불린다.

산속 볕이 잘 드는 풀밭에서 자란다.

7~8월에 파르스름한 보라색 꽃이 가지 끝에 동그랗게 모여 핀다.

줄기는 곧게 자라고 흰 털로 덮여 있다.

뿌리잎은 잎자루가 길고 잎몸은 깃꼴로 길게 갈라지며 뒷면에 흰털이 많다. 줄기잎은 15~20cm로 어긋난다.

잎몸은 깊게 갈라지고 가장자리에 가시처럼 뾰족한 톱니가 있다.

뿌리는 누로라 하여 약재로 쓴다.

젖이 아프고 잘 나오지 않을 때나 종창, 치질, 고름집 등에 쓴다.

신경쇠약이나 시신경위축 등에 치료 효과가 좋다.

절굿대

김 종태

나의 젊음은
너의 눈빛이 뜨겁던
한 여름 잠깐
메뚜기 한철로 반짝이었다

다정한 눈길 그 닿는 곳마다
사방팔방으로 미소를 떨치며
이 세상 좁다하고 자태 뽐냈다
작은 정성 한 오라기라도 놓칠까
온몸 여미고 숨 멎는 정열로
마지막 한 송이까지 다 피웠다

누가 사랑의 영원을 꿈꾸는가
세월은 도리없는 것
슬쩍 본 너의 비어 있는 눈빛
그 속에서 맴도는 찬바람
모질게 입술 깨물며
꽃잎 닫았다
바늘보다 더 뾰족한 앙탈로
무참한 꿈을 가두어 버렸다

40 족두리풀

쥐방울덩굴과 여러해살이풀이다.

꽃말은 '모녀의 정, 환생'이다.

꽃은 혼례 때 쓰는 족두리를 닮았다. 족두리는 원래 중국 원나라의 고고리라는 모자에서 변형된 것이다.

세신, 세초, 조리풀 등으로도 불린다. 북한에서는 족두리풀로 통한다.

산속 나무 그늘에서 자란다. 심장형의 잎 두 장 사이에서 자주색 족두리 모양의 꽃이 봄에 핀다. 꽃은 잎에 가려 잘 보이지 않고 향기도 좋지 않다.

키가 작아 벌과 나비보다는 개미 같은 곤충이 수정을 도와준다.

몇 개씩 모여난다. 꽃처럼 보이는 부분은 꽃받침이고 꽃잎은 없다.

잎 뒷면에 이른 봄에 잠깐 나오는 애호랑나비가 진주알 같은 영롱한 알을 낳는다. 애호랑나비의 애벌레는 잎을 먹고 자란다.

애호랑나비는 족두리의 영양 상태에 따라 알의 수를 조절한다고 한다.

중국에 궁녀로 잡혀간 꽃아가씨와 그녀를 그리워하던 엄마가 살던 집 뒷동산에서 자라난 풀이다.

뿌리는 세신이라고 하며 매운 맛이 나고 성질이 따뜻하다.

코 막힘, 치통, 담을 삭일 때 쓴다.

해열, 진정작용이 있고 국소 마취 작용도 있다.

족두리(부녀자들이 전통 예복을 입을 때 머리에 쓰는 관)의 쓰임새만큼이나 쥐방울덩굴과 여러해살이풀인 족두리풀의 쓰임새도 대단히 독특한 편이다.

꽃이름 외우듯이

이 해인

우리산
우리 들에 피는 꽃
꽃이름 알아 가는 기쁨으로
새해, 새날을 시작하자

회리바람꽃, 초롱꽃, 돌꽃, 벌깨덩굴꽃,
큰바늘꽃, 구름체꽃, 바위솔, 모싯대
족두리풀, 오이풀, 까치수염, 솔나리

외우다 보면
웃음으로 꽃물이 드는
정든 모국어
꽃이름 외우듯이
새봄을 시작하자
꽃이름 외우듯이
서로의 이름을 불러주는 즐거움으로
우리의 첫만남을 시작하자

우리 서로 사랑하면
언제라도 봄
먼데서도 날아오는 꽃향기처럼
봄바람 타고
어디든지 희망을 실어 나르는
향기가 되자

41 쥐오줌풀

마타리과 여러해살이풀이다.

뿌리에서 쥐 오줌냄새와 비슷한 냄새가 나서 붙여진 이름이다.

북한 이름은 바구니나물이다.

산속의 그늘지고 습한 곳에서 자란다.

5~8월에 연붉은색 작은 꽃이 가지 끝에 많이 모여 핀다.

꽃잎 밖으로 암술 수술이 올라와 있다.

줄기는 곧게 서고 모가 나있다. 마디에 희고 긴 털이 나있다.

어린 순은 나물로 먹는다. 뿌리는 심장이 약하고 가슴이 두근거릴 때 처방한다. 피로하거나 밤잠을 설칠 때 꽃핀 것을 뿌리째 캐서 잘게 썰어 머리맡에 두고 잔다.

한방에서는 뿌리줄기를 통증을 완화시키는 진통제로 사용한다.

시골집 천장 도배지를 누렇게 버려놓던 그 쥐 오줌이 — 어느새 쥐오줌풀로 바뀌어 주요한 한약재로 쓰이게 된 셈이다.

쥐오줌풀

김 춘수

하느님
나보다 먼저 가신 하느님,
오늘 해질녘
다시 한번 눈 떴다 눈 감는
하느님,
저만치 신발 두 짝 가지런히 벗어놓고
어쩌노 멱감은 까치처럼
맨발로 울고 가신
하느님, 그
하느님

42 질경이

질경이과 여러해살이풀이다. 꽃말은 '희생'이다.

차전초, 길짱구, 배짜개, 빼뿌쟁이, 우설초 등으로도 불린다.

생명력이 질겨서 질경이가 되었다. 들판 길섶 인가 주변에서 잘 자란다. 산에서 길을 잃었을 때 질경이가 보이면 인가가 가까운 곳이다.

희고 작은 꽃이 여름에 꽃 이삭에 빽빽이 붙어서 핀다. 척박한 땅에서도 잘 자라고 강한 햇빛 아래 조그만 틈새에도 뿌리를 내린다. 잘 끊어지지 않고 밟아도 잘 안 죽는다.

뿌리에서 잎이 바로 모여 나오고 잎자루가 길다.

예전부터 질경이가 말라 죽으면 큰 가뭄이 든다고 했다.

중국 한나라 때 긴 가뭄 끝에 병사와 말이 식량과 물이 없어 요독증으로 죽게 되었다. 그때 어떤 말이 전차 앞에 있는 풀을 뜯어 먹더니 피오줌이 없어지고 원기가 회복되는 것을 보고 그 풀을 말과 병사들에게 삶아 먹였다. 그 후 모두 병이 낫고 원기를 회복해 승전했다. 전차 앞의 풀이라 하여 차전초라 한다.

씨앗기름으로 불을 밝히면 등불 뒤로 돌아가신 아버지를 보았다는 한 효자이야기도 전해진다.

구황식물이며 나물로 먹는다. 씨앗은 기침, 기관지염, 동맥경화, 간 기능 저하 등에 쓴다.

씨 없는 수박을 만든 농학자 우장춘(1896.4.8~1959.8.10: 원숭이띠) 박사는 '길가의 민들레는 밟혀도 핀다.'는 말을 평생의 좌우명으로 삼고 임종의 순간에서까지 초인적인 인내심을 보였다는데, 우리는 이제 '길바닥의 질경이는 밟혀야 핀다.'는 새로운 좌우명을 가슴에 새겨두고 더 눈부신 미래를 열정적으로 개척해야 할 것이다.

질경이

박 인걸

삶에 지칠 때면
질경이 풀을 생각한다.
박토에 뿌리를 박고
억척같이 살아가며
영토를 넓혀가는 풀
짓밟히는 설음과
찢어지는 아픔들로
가슴에 구멍이 생겨도
곧게 심지(心志)를 세우고
희망의 꽃을 피워내는
강한 생명력이여
산다는 것이 버거워
어디론가 도망치고 싶은
비겁한 유혹이
복잡한 마음을 흔들 때
길모퉁이에서
눈물을 삼키며
연년이 견디며 살던
질경이가 눈에 밟힌다.

43 짚신나물

장미과 여러해살이풀이다. 씨가 짚신에 잘 달라붙는 데다 잎의 깊은 주름이 짚신모양을 닮았다 하여 붙여진 이름이다.

새싹이 용의 이빨을 닮아서 용아초로도 불린다. 지풀 황아초, 지동풍, 자오초, 황우미, 지초 등으로 불리기도 한다. 강원도에서는 꽃봉오리가 개구리눈을 닮았다 하여 개구리눈으로 부르기도 한다. 산과 들의 풀밭, 길가에 초여름부터 여름 내내 노란 꽃이 핀다.

줄기에 거친 털이 나있다. 깃꼴겹잎이고 쪽잎 사이사이에 작은 잎이 붙어 있다.

먼 옛날, 과거 보러 가던 사람이 무리하게 가다 쓰러져 코에서 피가 멈추지 않았다. 도움을 구할 민가도 없고 물도 구할 수 없었다. 곤경에 처한 선비는 하는 수 없이 날아가는 두루미에게 도움을 청했다. 그러자 두루미는 물고 가던 풀을 땅에 떨어뜨렸다.

고맙게 여겨 풀을 씹어 먹자마자 신기하게도 코피가 당장 멈췄다. 축 처져 있던 무거운 몸도 가벼워졌다. 선비는 결국 과거시험을 무사히 치르고 당당히 급제했다.

그 후, 선비는 그 풀을 다시 찾기 위해 사람들에게 물었지만 아무도 그 이름을 대지 못했다. 하는 수 없이 '두루미가 준 것'이라는 뜻에서 '선학초'라는 이름을 붙이게 되었다.

서양에서는 — 파르나소스 산에서 신하에게 독살될 뻔한 미트라다테스 왕이 짚신나물을 먹고 해독이 되어 살아난 탓에 '마법의 풀'로 전해진다.

어린 순은 나물로 먹는다. 단백질, 지질, 철분, 비타민 C 등이 들어있다.

뱀에 물리거나 옻이 올랐을 때 즙을 내서 바른다.

항암 효과가 있다. 지혈제, 지사제, 우울증, 신경쇠약 등에 쓴다.

약으로 쓸 때는 꼭 그늘에서 말려야 효과가 있다.

혈압을 상승시키는 작용이 있어 고혈압 환자는 많이 먹으면 안 된다.

짚신나물

박 근모

두루미 한 마리 입에 물고 날아와
건네 주었네
과거를 보러 가는길. 피가 멈추지 않아
내 친구 큰일 났는데 짚신보다 맛이 없던
그 풀을 먹고 씻은 듯이 좋아져서
나란히 장원급제하고 우정을 쌓았다네

노랗게 웃어 주던 꽃
잊을 수 없는 꽃
땅을 밟으면 웃음소리 은은하게
들려오던 짚신나물

44 처녀치마

백합과 여러해살이풀이다. 꽃말은 '절제'이다. 꽃이 활짝 피었을 때 그 모양을 보고 처녀치마라고 하게 되었다. 치맛자락풀, 성성이치마 등으로도 불린다. 북한에서는 치마풀이라고 한다.

높은 산 낙엽이 두텁게 쌓인 기름지고 습기 많은 숲 그늘에서 자란다. 짙은 보라색이나 연붉은 색의 꽃이 4월 전후에 꽃대 끝에서 땅을 내려다보고 3∼10송이쯤 모여 핀다.

뿌리에서 뭉쳐난 잎이 사방으로 퍼져 열두 폭 치마를 펼친 듯하다.

겨울에도 잎이 지지 않고 추위를 잘 견뎌낸다. 잎 가운데 하얀 잎맥이 있다.

꽃줄기는 꽃이 지고 열매가 익을 무렵이 되면 좀 더 자란다.

씨를 멀리 퍼뜨리기 위한 전략이다.

꽃말인 '절제'처럼 끈질긴 생명력과 아울러 교묘한 생존전략을 지니고 있는 셈이다. '절제, 억제' 하나만 제대로 잘 해도 평생 죄 지을 일 없고 감옥에 갈 일 없고 주위에 해코지할 일 없다는 말이 있다. 꽃말인 '절제'를 다시 한 번 곱씹게 된다.

꽃 이름인 '처녀치마'라는 말과 꽃말인 '절제'는 참으로 묘한 조합을 이루고 있는 셈이다. 세상에서 가장 어렵고 힘든 '절제, 억제'가 바로 '금욕'일 것이다.

꽃 이름에 붙은 '처녀'라는 말이나 '치마'라는 말 속에는 이미 '금욕' 정도가 아니라 아예 서릿발 같은 '자기 절제, 자기 단속'이 깃들어 있는 셈이다.

법정 스님의 평생의 가르침이던 '간소하고 간편한 생활'이나 '무소유의 생활'도 어쩌면 처녀치마 꽃의 꽃말인 '절제'의 보다 엄격한 실천이 아니었을까?

이래저래 많은 생각을 하게하고, 잊고 지내던 많은 것들을 새삼 곱씹게 하는 꽃 이름이고 꽃말이다.

처녀치마꽃

김 내식

시월에 첫눈을 덮어쓰고
이듬해 오월에 봄맞이하는
고산지대 바위틈
수줍은 미소의 처녀치마꽃
잎새의 주름을 보라

무엇을 가지거나
거느리지 않은 맨몸으로
추위에 한 발 앞서 드러눕고
봄이 오는 길목에서
잔설에 꽃피운다

과거에 대한 미련이나
미래에 대한 불안감
주름진 치마에 골골이 감싸안고
오직 현재에 머무른다

짧은 세상 아름답게 바라보며
솔솔 솔바람과 아우르며
무소유의 영혼으로
새봄을 찬미한다

45 천남성

천남성과(天南星科: Araceae) 여러해살이풀이다.

청사두초, 천남생이, 천남상, 토여미 등으로도 불린다. 덩이줄기가 호랑이의 발바닥을 닮았다 하여 호장초라고도 한다.

숲속 그늘지고 습한 곳이나 골짜기에서 자란다.

5~7월에 피는 꽃은 녹색으로 꽃잎이 없이 꽃가루만으로 이루어지고 모양은 뱀 머리를 닮았다. 꽃처럼 보이는 것은 꽃차례를 싸고 있는 포이다.

비오는 날 빗물이 들어가지 못하게 뚜껑처럼 굽어있다.

천남성은 양성으로 자라다가 주변의 환경에 따라 튼튼한 것은 암꽃으로 허약한 것은 수꽃을 만든다. 튼실한 열매를 맺었던 암꽃은 다음 해 수꽃으로 살아간다.

덩이줄기를 호장이라 하는데 류머티즘이나 상처에 즙을 내어 바른다.

중풍, 진통, 거담, 이뇨, 파상풍 치료에 쓴다. 옛날에는 사형(死刑) 방법의 하나인 사약(賜藥)의 재료로도 썼다. 사약(賜藥)은 왕이 독약을 하사한다는 뜻이다. 옛날부터 실시된 형벌의 하나로 형전(刑典)에는 나와 있지 않다.

우리나라에서는 그래도 '명예형, 존엄형'에 가깝게 다뤄져 — 왕족이나 귀족 같은 특수신분일 경우에만 사약(賜藥)이 내려졌다. 엄연히 사약(死藥)이지만 '임금이 특별히 내려준다.'는 뜻에서 사약(賜藥)이라고 했다.

맹독성이라서 잎만 따도 알레르기나 물집이 생기기도 한다.

관상용으로 많이 키운다.

종류에는 남산천남성, 둥근잎천남성, 점박이 천남성, 넓은잎 천남성, 무늬천남성, 두루미가 날개를 펼친 듯 돌아가며 잎이 나는 두루미천남성 등이 있다.

천남성

반 기룡

그 이의 수줍음이
그대로 남아 있는 듯한 천남성

첫 남성을 볼 때 그 느낌처럼
가슴 뜨거워진다

푸른 줄기에 새겨졌을
그대의 뜨건 입김처럼
내 심장을 달구던
그 때 그 시절이여

잉걸불처럼 익은 열매는
그대와 나의
사랑의 씨앗이 아직도
풍성함을 넌지시 알려주는 증표이겠지

아흐,
천남성이
올곧게 고개 내미는
달착지근하고 푸른 날이여

오늘따라 첫 남성이 더욱 그립다

46 초롱꽃

초롱꽃과 여러해살이풀이다.

꽃말은 '기도, 천사, 성실'이다. 꽃이 밤길을 밝히는 초롱과 닮았다 하여 초롱꽃이라 한다. 종꽃, 풍령초 등으로도 불린다. 산이나 들에서 자란다.

6～8월에 노르스름하면서도 풀빛을 띠는 흰색의 꽃이 줄기 끝에 여러 송이가 매달려 아래를 향해 핀다. 종 같기도 초롱같기도 하다.

높은 산에 올라갈수록 꽃이 흰색에 가까워진다.

뿌리에서 바로 잎이 나온다. 어디에서나 잘 자라고 생명력이 아주 강하다.

씨도 잘 퍼뜨려 금방 무성해진다.

그리스 신화에 헤리페리데스와 그녀의 딸 캄파눌라는 제우스와 헤라가 결혼할 때 대지의 여신 가이아가 선물한 오케아노스강 근처의 황금사과나무를 지키고 있었다.

어느 날 황금사과를 훔치려는 도둑이 나타나자, 헤리페리데스의 딸 캄파눌라는 황금사과나무의 파수꾼 라돈에게 알리려 은빛 종을 울렸다. 놀란 도둑은 캄파눌라를 칼로 찔러 죽이고 도망치다가 그만 라돈에게 붙잡혀 죽고 말았다. 꽃의 여신 플로라는 캄파눌라를 가엾게 여겨 은종 모양의 꽃으로 태어나게 했다.

그 꽃이 바로 초롱꽃이다. 소녀의 이름인 캄파눌라가 이 꽃의 이름이자 학명이 되었다. 캄파눌라는 '점이 있는 작은 종'이란 뜻의 라틴어다.

어린잎은 나물로 먹는다. 떫은 맛이 나기에 우려낸 뒤 먹는다. 산소채로도 부른다.

자반풍령초라 하여 해산족진제로도 쓰인다.

관상용으로 매우 인기가 좋다.

초롱꽃

이 해인

내 마음을
늘
차고 푸른 호수입니다

그러나 당신이 오시면
뜨겁게 움직이는
화산입니다

당신이 사랑으로
내 이름을 불러주시면

조금 더 총명해지고
조금 더 겸손해지고
조금 더 믿음이 깊어지는
한 송이 꽃입니다

당신의 발걸음을 들으면
고요한 마음에 파문이 이는

가만 있을 수가 없어
맨발로 뛰어나가는

참 어쩔 수 없는
초롱 초롱
초롱꽃입니다

47 큰구슬붕이

용담과 두해살이풀이다.

보석 같이 작고 귀여운 모습 때문에 '구슬'이라는 말이 붙여졌다.

구실봉이, 석용담, 소용담 등으로도 불린다.

북한에서는 큰구슬봉이라고 한다.

산속 양지바른 곳에서 자란다. 크고 작은 열 개의 꽃잎으로 이루어진 푸른 보라색 꽃이 몇 송이씩 모여 핀다.

앙증맞은 얼굴을 닮은 작고 예쁜 꽃을 풀숲에서 낮에만 피운다.

종류에는 구슬붕이, 봄구슬붕이, 고산구슬붕이 등이 있다.

큰구슬붕이

저자 미상

방태산 등산로 초입에서였다.

길가 비탈진 언덕에 쪼그만 저 꽃을 발견하고

파란장미랑 둘이서 씨름을 하고 있었다.

이게 뭘까를 조잘거리면서 '용담'인가? 어쩌구 저쩌구.

차를 타고 지나가던 아저씨 한분이 내려서서 무엇을 찍는가 물어본다.

"글세 잘 모르겠어요. 용담인가봐요." 하고 덜컥 대답이 나와버렸다.

화들짝 놀란 아저씨가 자세히 와서 쳐다보더니

"이건 큰구슬붕이입니다." 그러는 거예요.

그래도 나는 큰구슬붕이를 본적이 있는데 이건 너무 작은데.

내가 이야기를 하니

그 아저씨 왈

"이 애도 나처럼 살기가 어려운 모양이예요."

하하 안그래도 이름자에 '큰'이 붙었어도 조그만 녀석이라고 생각했지만

우리가 제일 먼저 보았던 그 꽃은 너무 작았다.

그리고는 올라가는 등산로에 내내 이 구슬붕이가 지천으로 깔려있었다.

양지바른 무덤가에 많이 피는 것으로 알고 있었는데

등산로에도 꽤 많이 피어있었다.

구슬붕이도 보고싶다. 그앤 노내체 얼마나 작은걸까?

48 큰까치수염

앵초과 여러해살이풀이다.

이삭의 털을 수염에 비유하고 이삭의 전체 모양을 까치에 비유했다.

북한에서는 큰까치수염을 큰꽃꼬리풀이라고 한다.

양지바른 산기슭에서 자란다.

6~8월에 자잘한 흰 꽃이 줄기 끝에 모여 핀다.

꽃은 아래쪽에서부터 피고 구부러져 있다.

꽃은 시차를 두고 핀다. 장마철에 핀 꽃이 수분(꽃가루받이)이 안 되더라도 다른 시기에 피는 꽃들이 수분되도록 하려는 전략이다.

어린 순은 나물로 먹는다.

까치수염은 꽃 이삭과 잎이 큰까치수염보다 작고 산과 들의 눅눅한 풀밭에서 무리지어 자란다.

까치수염

김 윤현

뿌리 하나만 남겨둔 채 모두 버리고
겨울을 거뜬히 견디는
까치수염의 인내를 배우고 싶다
하얀 이를 소복이 드러내고 해맑게 웃는
까치수염의 명랑을 간직하고 싶다
꽃을 피우려는 꿈 이외에는 욕심이 없고
다가서는 이들에게는 향기를 베푸는
까치수염의 사랑을 닮고 싶다
벌이 날아와 꿀을 물고가도 탓하지 않고
바람이 불어와도 얼굴 찡그리지 않는
까치수염의 여유를 가지고 싶다
잔돌이 박혀있는 길가나 물기 없는 비탈에서도
성공을 바라기보다 성장할 수 있다는 희망으로
살아가는 까치수염의 의지를 따르고 싶다
가을이 지나고 겨울이 오면
줄기를 뻗으려는 마음도 꽃을 피우려던 마음도
또다시 다 비우는 까치수염의 겸허와 함께

49 타래난초

난초과 여러해살이풀이다. 꽃말은 '추억, 소녀'이다.

꽃차례는 꼬아 놓은 실타래를 닮았다.

수초반룡삼, 토용삼 등으로도 불린다. 북한에서는 타래란이라고 한다.

산과 들의 양지바른 곳에서 자란다.

실타래를 감아 올린 듯한 꽃줄기 사이사이에 붉은 꽃이 옆을 보고 핀다. 마치 나선형 계단 같다.

꽃줄기는 잎에 비해 다섯 배 이상 자란다.

암술머리에서 끈적끈적한 액이 나와 꽃가루를 잘 묻게 한다.

꽃가루는 덩어리째 떨어진다. 꽃가루를 잘 묻히기 위한 전략이다.

폐결핵, 해열제 등에 쓰며 기운을 보강할 때도 쓴다.

타래난초

김 종태

당신이 나를
난초라 부르고
정성들여 키웠을 때

당신 곁으로 달려가
빼어난 자태 뽐내며
한포기 난초가 되었소

당신이 나를
잡초라 부르고
못생겼다 눈돌렸을 때

잔디밭 풀속에 섞여
서러운 심사 배배꼬며
한포기 잡초가 되었소

당신에게 있어 나는
불러주기에 달렸지만
난초 잡초는 당신의 욕심

이젠 당신의 애증을 벗어나
빛나는 태양을 즐기며
내 한몫 다하는
한포기 풀이 되겠소

50 투구꽃

미나리아재비과 여러해살이풀이다.

꽃은 중세 기사의 투구를 닮았다.

지아비꽃, 진돌쩌귀풀, 원앙국, 초오두, 바꽃, 토부자, 독백초 등으로도 불린다. 까마귀를 닮았다 하여 오두라고도 하고, 까마귀의 부리처럼 생겼다 하여 오훼라고도 한다.

깊은 산에서 자라고 9~10월에 자주보라꽃이 핀다.

꽃잎은 두 장이고 나머지는 꽃덮이다.

영어로는 'monkshood' 즉 '승려의 두건'이다.

마늘처럼 생긴 덩이뿌리가 매년 조금씩 이동한다.

지금까지 자라온 뿌리는 썩고 다음 해에는 옆에 달린 덩이뿌리에서 새싹이 자란 뒤 뿌리의 굵기만큼 움직인다. 새로운 양분을 섭취하기 위한 전략이다.

옛날에는 사냥할 때 창끝이나 화살촉에 발라 썼을 정도로 강력한 독이 있다. 사약을 만들던 부자와 한 가족이다.

덩이뿌리는 초오라 불리며 중풍, 경련, 신경통, 심장, 사지마비 등에 특효약이다.

종류에는 각시투구꽃, 세뿔투구꽃, 그늘돌쩌귀, 놋젓가락나물 등이 있다.

투구꽃

최 두석

사노라면 겪게 되는 일로
애증이 엇갈릴 때
그리하여 문득 슬퍼질 때
한바탕 사랑싸움이라도 벌일 듯한
투구꽃의 도발적인 자태를 떠올린다.

사노라면 약이 되면서 동시에
독이 되는 일 얼마나 많은가 궁리하며
머리가 아파올 때
입술이 얼얼하고 혀가 화끈거리는
투구꽃 뿌리를 씹기도 한다.

조금씩 먹으면 보약이지만
많이 넣어 끓이면 사약이 되는
예전에 임금이 신하를 죽일 때 썼다는
투구꽃 뿌리를 잘게 잘라 씹으며
세상에 어떤 사랑이 독이 되는지 생각한다.

진보라의 진수라 할
아찔하게 아리따운 꽃빛을 내기 위해
뿌리는 독을 품는 것이라 짐작하며
목구멍에 계속 침을 삼키고
뜨거워지는 배를 움켜쥐기도 한다.

51 패랭이꽃

석죽과 여러해살이풀이다. 꽃말은 '순결한 사랑'이다.

꽃은 옛날 모자인 패랭이를 거꾸로 한 모양과 비슷하다.

패리꽃, 산죽, 대란, 산구맥, 낙양화, 천국화, 참대풀 등으로도 부른다.

낮은 지대의 양지바른 곳에서 자란다.

꽃잎은 진분홍색 5장인데 ─ 끝은 얕게 뾰족뾰족 갈라져있고 가운데에는 짙은 무늬가 있다.

줄기에 마디가 있는데다 잎이 대나무잎을 닮아 석죽화라고도 부른다.

약간 비스듬히 자란다.

나물로 먹는다.

꽃을 달인 물로 씻으면 기미, 주근깨가 없어지고 살결이 고와진다.

씨는 구맥자라 하여 이뇨제, 통경제 등으로 쓴다.

임산부가 많이 먹으면 유산이 될 우려가 있다.

패랭이꽃을 원예종으로 개량한 것이 바로 카네이션이다.

패랭이꽃

류 시화

살아갈 날들보다
살아온 날이 더 힘들어
어떤 때는 자꾸만
패랭이꽃을 쳐다본다

한때는 많은 결심을 했었다
타인에 대해
또 나 자신에 대해

나를 힘들게 한 것은
바로 그런 결심들이었다

이상하지 않은가 삶이란 것은
자꾸만 눈에 밟히는
패랭이꽃

누군가에게 무엇으로 남길 바라지만
한 편으론 잊혀지지 않는 게 두려워
자꾸만 쳐다보게 되는

패랭이꽃

52 피나물

양귀비과 여러해살이풀이다.

줄기를 자르면 황적색(핏빛) 유액(乳液)이 나오기에 피나물이라고 한다.

노랑매미꽃, 선매미꽃, 매미꽃, 봄매미꽃 등으로도 불린다.

중부 이북 산속에서 자라며 이른 봄에 꽃이 핀다. 군락을 이룬 채 자란다.

4장의 둥근 노란 꽃잎 속에 수술이 소복하다. 두세 송이씩 핀다.

줄기는 곧게 서고 연하며 털이 없다. 3~5장의 겹잎이다.

어린순은 나물로 먹는데 독성이 있기에 데쳐서 한참 우려낸 뒤 먹는다.

뿌리는 화청화근이란 약재로 쓰며 진통, 거풍, 활혈 등에 효능이 있다.

습진, 종기 등에 뿌리를 찧어 붙인다.

매미꽃은 비슷하지만 꽃대가 따로 올라오고 끝에서 1~10송이 꽃이 핀다. 줄기에 털이 나 있다. 남부 지방에서 자라는 특산식물이다.

피나물

박 근모

더 이상 피를 흘리면 안 돼
서로가 서로를 찔러 오래도록
피를 흘린 우리 민족

사랑은 피를 감추고
눈을 감는다고 완성되는 것이 아닌데

4월과 5월에 노란 피나물 지천으로
피어나도
사람들은 탐욕과 분노로 미움을그치지 않는데

피나물 가만히 하늘을 쳐다본다
피나물 가만히 땅을 쳐다본다

산등성이 천년된 돌무더기 사이에서
피나물이 피어나고 있다

53 현호색

현호색과 (玄胡索科: Fumariaceae) 여러해살이풀이

다. 산기슭, 개울가의 비탈, 양지바른 언덕, 논둑 어디서나 볼 수 있다.

꽃모양이 종달새 머리의 깃과 닮아 속명은 'Corydalis'이다.

종달새(skylark)란 뜻의 그리스 어원이다.

깔때기 같기도 하고 물고기를 닮은 것 같기도 한 꽃은 얼핏 보면 아래 위 두 장 같지만 네

장이다. 보라색 꽃이 줄기 끝에 5~10송이가 핀다.

이른 봄 가장 먼저 꽃을 피우는 꽃 중 하나다.

꽃을 피운 후 한 달여가 지나면 흔적도 없이 사라져 부지런해야만 볼 수 있다.

땅의 성분에 따라 꽃잎의 색이 약간씩 다르다.

뿌리의 덩이줄기는 두통의 진통제로 쓰인다.

잎의 모양에 따라 댓잎현호색, 빗살현호색, 애기현호색, 왜현호색, 점현호색, 좀현호색, 섬

현호색 등으로 나뉜다.

현호색

최 제형

꽃자루 긴 주둥이
열대어처럼 모아서

양지바른 햇살 찾아
키스 미 키스 미

개울가 나무 그늘
작년 피던 그 자리에

추운 겨울 잘 넘겼다고
키스 미 키스 미…

54 홀아비꽃대

홀아비꽃대과 여러해살이풀이다. 꽃말은 '외로운 사람'이다.

꽃대가 하나만 서있는 것에서 홀아비꽃대라 부르게 되었다. 북한에서는 홀아비꽃대를 홀 꽃대라고 한다.

숲속 그늘 부식질이 풍부한 곳에서 자란다.

가지를 치지 않고 곧게 자란 줄기에 네 장의 잎이 십자모양으로 마주난다. 흰색의 가는 수 술대가 이삭처럼 달린다.

4~5월에 여러 줄기가 한꺼번에 올라와 꽃을 피운다.

여름이 오기 전에 줄기와 잎이 말라버리며 뿌리는 휴면에 들어간다. 뿌리는 마디가 많고 덩어리졌다.

봄에 어린 순을 나물로 먹는데 단맛이 조금 난다.

뿌리는 풍을 없애고 어혈과 독을 풀며 기운을 북돋우는 효능 있다.

통경, 관절염 등에 효과가 있다.

홀아비꽃대

반 기룡

하얀꽃 피우며
홀로 서있는 모습이 당당하구나
긴긴 날 홀로 지새우며
지내온 것이 참으로 대견스럽구나
남의 눈에 띌까 봐
구부정하지 않고
꼿꼿이 서 있는 것이 외롭다기 보다는
산전수전 다 겪은 홀아비 모습 같구나
여러 꽃대가 마치 경호를 하듯
백발의 갈기 세우고 있는 자태가
너를 더욱 빛나게 해주는 듯 하구나

비바람에 쉬이 꺾이지 않고
푸르디푸르게 빛날 홀아비꽃대여

● 참고서적

이야기숲_ 나무

우리가 정말 알아야 할 우리나무 백 가지	이 유미 / 현암사(2000)
궁궐의 우리나무	박 상진 / 눌와(2001)
나무가 말하였네	고 규홍 / 마음산책(2008)
역사가 새겨진 나무이야기	박 상진 / 김영사(2004)
우리가 정말 알아야 할 우리 소나무	전 영우 / 현암사(2004)
나무 살아서 천년을 말하다	박 상진 / 랜덤하우스 중앙(2004)
우리나라 나무 이야기	박 영하 / 이비락(2004)
역사와 문화로 읽는 나무사전	강 판권 / 글항아리(2010)
김청광 시집, 나무여 큰숲이여	김 청광 / 한맥(2001)
산림문학, 14호	(사)한국산림문학회(2011)

이야기숲_ 들꽃

살아있는 생태박물관	박경현, 차명희, 김란순, 김지연 / 채우리출판사(2009)
한국의 야생화	이유미 / 다른세상(2003)
무슨 풀이야? / 무슨 꽃이야?	도토리기획 / 보리(2003)
야생화 쉽게 찾기	송기엽, 윤주복 / 진선(2003)
풀꽃 친구야 안녕	이영득 / 황소걸음(2004)
우리꽃 이름의 유래를 찾아서	허북구, 박석근 / 중앙생활사(2002)
내게로 다가온 꽃들	김민수 / 한얼미디어(2005)
가슴으로 느끼는 우리들꽃	박시영 / 해마루북스(2008)
산속에서 만나는 몸에 좋은 식물 148	솔뫼 / Green Home(2006)

경기도		
개인	국망봉자연휴양림 경기도 포천시 이동면 장암리	02-2247-1753
국립	산음자연휴양림 경기도 양평군 단월면 산음리	031-774-8133
개인	설매재자연휴양림 경기도 양평군 옥천면 용천리	031-774-6959
지자체	용문산자연휴양림 경기도 양평군 양평읍 백안3리	031-775-4005
국립	유명산자연휴양림 경기도 가평군 설악면 가일리	031-589-5487
국립	운악산자연휴양림 경기도 포천시 화현면 화현리	031-534-6330
국립	중미산자연휴양림 경기도 양평군 옥천면 신복리	031-771-7166
개인	청평자연휴양림 경기도 가평군 청평면 삼회리	031-584-0528
지자체	초부리자연휴양림 경기도 용인 모현 초부	031-336-0040
지자체	축령산자연휴양림 경기도 남양주시 수동면 외방리	031-591-0681
지자체	칼봉산자연휴양림 경기도 가평군 가평읍 경반리	031-582-9401

인천		
지자체	석모도자연휴양림 인천광역시 강화군 삼산면 석모	032-932-1100

충청북도		
지자체	민주지산자연휴양림 충청북도 영동군 용화면 조동리	043-740-3437
지자체	계명산자연휴양림 충청북도 충주시 종민동 산 6	043-850-7313
지자체	문성자연휴양림 충청북도 충주시 금릉동 700	043-850-7346
지자체	봉황자연휴양림 충청북도 충주시 가금면 봉황리	043-850-7315
지자체	소선암자연휴양림 충청북도 단양군 단성면 가산리	043-422-7839
국립	속리산말티재자연휴양림 충청북도 보은군 외속면 장재리	043-543-6282
지자체	수레의산자연휴양림 충청북도 음성군 생극면 차곡리	043-878-2013
지자체	옥화자연휴양림 충청북도 청원군 미원면 운암리	043-283-3200
지자체	조령산자연휴양림 충청북도 괴산군 연풍면 원풍리	043-833-7994
지자체	좌구산자연휴양림 충청북도 증평군 증평읍 율리	043-835-3871
지자체	장령산자연휴양림 충청북도 옥천군 군서면 금산리	043-733-9615
국립	황정산자연휴양림 충청북도 단양군 대강면 올산리	043-421-0608

충청남도		
지자체	금강자연휴양림 충청남도 공주시 반포면 도남리	041-850-2661
지자체	남이자연휴양림 충청남도 금산군 남이면 건천리	041-753-5706

지자체	만수산자연휴양림 충청남도 부여군 외산면 삼산리	041-830-2348
지자체	봉수산자연휴양림 충청남도 예산군 대흥면 상중리	041-339-8936
지자체	성주산자연휴양림 충청남도 보령시 성주면 성주리	041-930-3529
지자체	안면도자연휴양림 충청남도 태안군 안면읍 승언3	041-674-5019
지자체	영인산자연휴양림 충청남도 아산시 영인면 아산리	041-540-2479
지자체	용봉산자연휴양림 충청남도 홍성군 홍북면 상하리	041-630-1785
국립	오서산자연휴양림 충청남도 보령시 청라면 장현리	041-936-5465
개인	진산자연휴양림 충청남도 금산군 진산면 묵산리	041-753-4242
지자체	칠갑산자연휴양림 충청남도 청양군 대치면 광대리	041-943-4510
지자체	태학산자연휴양림 충청남도 천안시 풍세면 삼태리	041-521-2864
국립	희리산해송자연휴양림 충청남도 서천군 종천면 산천리	041-953-9981
국립	용현자연휴양림 충청남도 서산시 운산면 용현리	041-664-1978

대전

지자체	만인산자연휴양림 대전광역시 동구 하소동 산47	042-273-1945
지자체	장태산자연휴양림 대전광역시 서구 장안동 67번	042-585-8061

강원도

국립	미천골자연휴양림 강원도 양양군 서면 서림리 산	033-673-1806
국립	방태산자연휴양림 강원도 인제군 기린면 방동리	033-463-8590
국립	백운산자연휴양림 강원도 원주시 판부면 서곡리	033-766-1063
국립	복주산자연휴양림 강원도 철원군 근남면 잠곡리	033-458-9426
지자체	가리산자연휴양림 강원도 홍천군 두촌면 천현리	033-435-5554
국립	가리왕산자연휴양림 강원도 정선군 정선읍 회동리	033-563-1566
국립	검봉산자연휴양림 강원도 삼척시 원덕읍 임원리	033-574-2553
지자체	광치자연휴양림 강원도 양구군 남면 가오작리	033-482-3115
국립	대관령자연휴양림 강원도 강릉시 성산면 어흘리	033-644-8327
국립	두타산자연휴양림 강원도 평창군 진부면 수항리	033-334-8815
개인	둔내자연휴양림 강원도 횡성군 둔내면 삽교리	033-343-8155
국립	용화산자연휴양림 강원도 춘천시 사북면 고성리	033-243-9261
개인	주천강강변자연휴양림 강원도 횡성군 둔내면 영랑리	033-345-8225
지자체	안인진인해자연휴양림 강원도 강릉시 강동면 안인진리	033-644-9483
국립	용대자연휴양림 강원도 인제군 북면 용대리	033-462-5031
국립	삼봉자연휴양림 강원도 홍천군 내면 광원리	033-435-8536
개인	황둔자연휴양림 강원도 원주시 신림면 황둔리	033-764-3007

지자체	하추자연휴양림 강원도 인제군 인제읍 하추리	033-461-0056
개인	횡성자연휴양림 강원도 횡성군 갑천면 포동리	033-344-3391
지자체	집다리골자연휴양림 강원도 춘천시 사북면 지암리	033-243-1442
국립	청태산자연휴양림 강원도 횡성군 둔내면 삽교리	033-343-9707
지자체	춘천숲자연휴양림 강원도 춘천시 동산면 군자리	033-264-1156
지자체	치악산자연휴양림 강원도 원주시 판부면 금대리	033-762-8288
지자체	태백고원자연휴양림 강원도 태백시 철암동 산90	033-582-7440

전라북도		
지자체	방화동자연휴양림 전라북도 장수군 번암면 사암리	063-353-0855
개인	남원자연휴양림 전라북도 남원시 갈치동 산 5	063-636-4000
지자체	남원흥부골자연휴양림 전라북도 남원시 인월면 인월리	063-636-4032
지자체	고산자연휴양림 전라북도 완주군 고산면 오산리	063-263-8680
국립	덕유산자연휴양림 전라북도 무주군 무풍면 삼거리	063-322-1097
지자체	무주자연휴양림 전라북도 무주 설천 청량	063-324-1155
개인	성수산자연휴양림 전라북도 임실군 성수면 성수리	063-642-9456
지자체	세심자연휴양림 전라북도 임실군 삼계면 죽계리	063-640-2425
지자체	와룡자연휴양림 전라북도 장수군 천천면 와룡리	063-353-1404
국립	운장산자연휴양림 전라북도 진안군 정천면 갈용리	063-432-1193
국립	회문산자연휴양림 전라북도 순창군 구림면 안정리	063-653-4779

전라남도		
국립	방장산자연휴양림 전라남도 장성군 북이면 죽청리	061-394-5523
지자체	백아산자연휴양림 전라남도 화순군 북면 노치리	061-370-1345
지자체	백운산자연휴양림 전라남도 광양시 옥룡면 추산리	061-763-8615
국립	낙안민속자연휴양림 전라남도 순천시 낙안면 동내리	061-754-4400
지자체	가학산자연휴양림 전라남도 해남군 계곡면 가학리	061-535-4812
개인	안양산자연휴양림 전라남도 화순군 이서면 안심리	061-373-4199
지자체	유치자연휴양림 전라남도 장흥군 유치면 신월리	061-863-6350
지자체	제암산자연휴양림 전라남도 보성군 웅치면 대산리	061-852-4434
지자체	주작산자연휴양림 전라남도 강진군 신전면 수양리	061-430-3306
국립	천관산자연휴양림 전라남도 장흥군 관산읍 농안리	061-867-6974
지자체	한천자연휴양림 전라남도 화순군 한천면 오음리	061-370-1368
지자체	팔영산자연휴양림 전라남도 고흥군 영남면 우천리	061-830-5386

	경상북도	
지자체	구수곡자연휴양림 경상북도 울진군 북면 상당리	054-783-2241
지자체	군위장곡자연휴양림 경상북도 군위군 고로면 장곡리	054-382-9925
지자체	금봉자연휴양림 경상북도 의성군 옥산면 금봉리	054-833-0123
국립	검마산자연휴양림 경상북도 영양군 수비면 신원리	054-682-9009
지자체	계명산자연휴양림 경상북도 안동시 길안면 고란리	054-822-6920
국립	대야산자연휴양림 경상북도 문경시 가은읍 완장리	054-571-7181
지자체	불정자연휴양림 경상북도 문경시 불정동 산 7	054-552-9443
지자체	성주봉자연휴양림 경상북도 상주시 은척면 남곡리	054-541-6512
지자체	송정자연휴양림 경상북도 칠곡군 석적읍 반계리	054-979-6600
지자체	옥녀봉자연휴양림 경상북도 영주시 봉현면 두산리	054-636-5928
지자체	옥성자연휴양림 경상북도 구미시 옥성면 주아리	054-481-4052
지자체	안동호반자연휴양림 경상북도 안동시 도산면 동부리	054-840-8265
지자체	청송자연휴양림 경상북도 청송군 부남면 대전리	054-872-3163
국립	청옥산자연휴양림 경상북도 봉화군 석포면 대현리	054-672-1051
국립	칠보산자연휴양림 경상북도 영덕군 병곡면 영리	054-732-1607
국립	운문산자연휴양림 경상북도 청도군 운문면 신원리	054-371-1323
지자체	운주산승마자연휴양림 경상북도 영천시 임고면 황강리	휴양림: 054-330-6287 승마장: 054-330-6784
지자체	토함산자연휴양림 경상북도 경주시 양북면 장항리	054-772-1254
국립	통고산자연휴양림 경상북도 울진군 서면 쌍전리	054-783-3167
개인	학가산우래자연휴양림 경상북도 예천군 보문면 우래리	054-652-0114

	대구	
지자체	화원자연휴양림 대구 달성군 화원읍 본리리 산	053-614-5481
지자체	비슬산자연휴양림 대구광역시 달성군 유가면 용리	053-614-5481

	경상남도	
지자체	금원산자연휴양림 경상남도 거창군 위천면 상천리	055-940-3574
지자체	거제자연휴양림 경상남도 거제시 동부면 구천리	055-639-8115
국립	남해편백사연휴양림 경상남노 남해군 삼농면 동화리	055-867-7881
지자체	대운산자연휴양림 경상남도 양산시 용당동 산66	관리사무소: 055-366-9566
지자체	오도산자연휴양림 경상남도 합천군 봉산면 압곡리	055-930-3733

개인	중산자연휴양림 경상남도 산청군 시천면 중산리	055-972-0675
국립	지리산자연휴양림 경상남도 함양군 마천면 삼정리	055-963-8133
지자체	용추자연휴양림 경상남도 함양군 안의면 상원리	055-963-8702
개인	원동자연휴양림 경상남도 양산시 원동면 내포리	055-382-5839

울산		
국립	신불산폭포자연휴양림 울산광역시 울주군 상북면 이천	052-254-2123

제주도		
국립	서귀포자연휴양림 제주도 서귀포시 대포동 산1	064-738-4544
국립	제주절물자연휴양림 제주도 제주시 봉개동	064-721-7421